MarkeZine BOOKS

デジタル時代の基礎知識
BtoBマーケティング

「潜在リード」から効率的に売上をつくる新しいルール

株式会社アイレップ
竹内 哲也［著］
株式会社タービン・インタラクティブ 代表
志水 哲也［監修］

SE
SHOEISHA

はじめに

本書は、法人向けに商品やサービスを提供している企業に対して、デジタルマーケティングの技術や手法を活用して、潜在リードから効率的に売上をつくる方法や、業務を効率化させる方法など、最新の考え方やノウハウを体系的にまとめています。

経営者の方は、全社視点で、どのようにデジタルマーケティングをマネジメントに組み込んでいけばいいのか、マーケティング担当者の方は、どのようにマーケティング施策を立案し、現場に落とし込んでいけばいいのか、営業担当者の方は、自分の業務がどのように変化していくのか、という視点で読んでもらえればと思います。

BtoBマーケティング推進上の課題

ここ数年、BtoC企業だけでなく、BtoB企業においてもデジタルマーケティングを積極的に取り入れていこうという動きが増えてきています。各社は、デジタルマーケティングを推進する部署を新設し、やる気のある社員を抜擢して取り組みを強化していこうとしています。抜擢された社員は、デジタルマーケティングを本格的に展開していこうとやる気に満ちあふれているのですが、実際問題、何から手をつけていいかわからないという人も多いかと思います。

BtoB企業がデジタルマーケティングを推進していくときの課題は、大きく2つに分けることができます。

1つ目が、マーケティング施策としてそもそも何をやるべきかわからないというもの。この課題に対しては、できるだけ網羅的にデジタルマーケティングの考え方や手法に関して整理したので、本書をお読みいただければ、BtoBマーケティングでやるべきすべての打ち手を理解することができます。

2つ目が、マーケティング施策をどういう手順（ステップ）で推進していけばいいのかわからないというものです。こちらに関しては、何をどのような手順で推進していくと、短期的に成果をだすことができるのかをとりまとめています。

つまり、「何をやるべきなのか（WHAT）」「それをどう実現していくのか（HOW）」の両面から、デジタルマーケティングの活用方法を共有しています。

BtoBマーケティングを全体最適で推進する

本書は、8つの章から構成されています。2章までが基礎知識になり、3章は少し難易度が高いですが成功に不可欠なことをまとめています。4章以降では具体的な方法論を紹介しています。3章が少し難しいなと感じた方は、4章と5章を読んでから再度3章に戻って読んでいただけると全体像が理解しやすいかと思います。

BtoBマーケティングを推進するために、大きく「リードジェネレーション」と「リードナーチャリング」という2つのマーケティング手法を中心に内容を整理しました。「リードジェネレーション」とは、新規の見込み顧客からの問い合わせ件数を増やす手法です。また、「リードナーチャリング」とは、新規の見込み顧客を育成・選別し、営業部門と連携しながら成約率を高めていく手法です。

BtoBマーケティングの書籍は、MAを活用した「リードナーチャリング」に関するものが多いため、本書では「リードジェネレーション」に関して、かなりページを割いて解説しています。「リードジェネレーション」と「リードナーチャリング」の2つの手法を活用して営業プロセスを改善し、売上向上を図っていきましょう。

2020年6月　株式会社アイレップ　執行役員

竹内哲也

CONTENTS | 目次

> INTRODUCTION

デジタル時代のBtoBマーケティング

> CHAPTER 1

BtoBマーケティングの基礎知識

> CHAPTER 2

MA導入だけでは成果がだせない理由

> CHAPTER 3

BtoBマーケティングを統合的に推進するためには?

> CHAPTER 4

無駄なく最適な顧客にリーチする方法

> CHAPTER 5

見込み顧客の獲得と育成

> CHAPTER 6

新しい営業スタイルの確立

> CHAPTER 7

社内体制のつくり方

INTRODUCTION

デジタル時代の BtoB マーケティング

01 BtoB企業でデジタルマーケティングが必要な理由
02 努力、根性の営業から、スマートな営業スタイルへ
03 営業の仕組みづくりにデジタル施策を活用する
04 顧客の購買行動の変化
05 営業は分業体制へ
06 データから優良顧客に効率よくアプローチする

No. 01 BtoB企業でデジタルマーケティングが必要な理由

そもそもなぜBtoB企業でデジタルマーケティングがこれほど注目されるようになったのでしょうか。その理由は2つあると考えています。

国内外で注目されるBtoBマーケティング

まず、**デジタルマーケティングに本格的に取り組んでいるBtoB企業は、収益面で大きく向上している**ことが挙げられます。

マッキンゼーが調査した「デジタル施策に積極的なBtoB企業の収益力（図1)」によると、デジタル施策を実施しているBtoB企業の上位25％と、それ以外の75％の企業を比較した場合、収益成長率で約5倍、支払金利前税引前利益（EBIT）で約8倍、株主利益（TRS）で約2倍と、収益面で大きな開きがでています。

2つ目の理由は、日本国内に限ってみた場合、労働力人口の減少（図2)や、働き方改革による時間外労働の規制から、**少ない人数や時間で、仕事の生産性を高めることが求められていることです。**

例えば、中小・中堅企業やスタートアップ企業に関しては、そもそも人材が採用できない中で、売上を向上させていくことが求められています。特に、事業拡大をするフェーズでは、社員の採用が追いつかないため、BtoBマーケティングを本格的に展開する事例などもでてきています。

また、ある大手BtoB企業の場合、50代・60代の営業担当者が多く、30代・40代が少ないという逆ピラミッド構造の組織構成になっています。今後、10年以内に50代の社員が定年退職することになると、少ない人数で営業を回していく必要があるため、デジタルマーケティングを本格的に始めようとしています。

図1 デジタル施策に積極的なBtoB企業の収益力

上位25%のBtoB企業　残り75%のBtoB企業

（収益成長率）年平均成長率, 2010-2015　（支払金利前税引前利益：EBIT）年平均成長率, 2010-2015　（株主利益：TRS）年平均成長率, 2010-2015

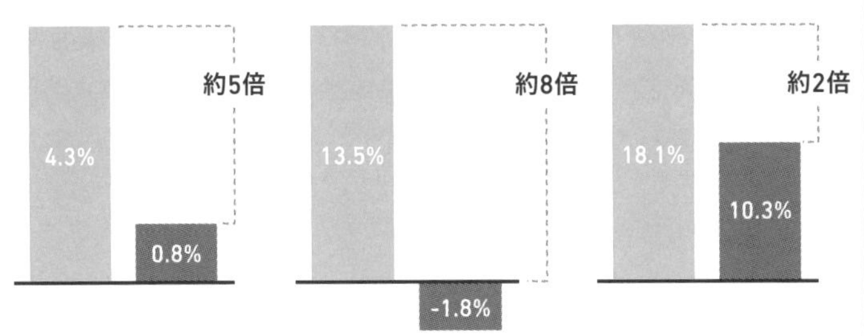

出典：マッキンゼーサイトより引用
https://www.mckinsey.com/business-functions/marketing-and-sales/our-insights/how-b2b-digital-leaders-drive-five-times-more-revenue-growth-than-their-peers

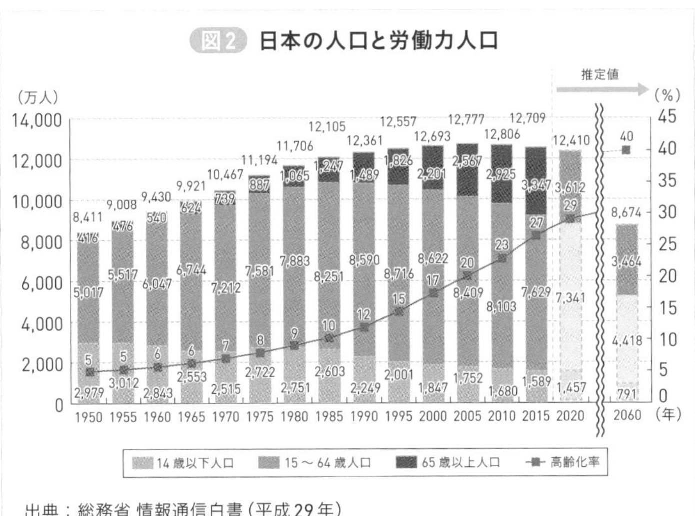

出典：総務省 情報通信白書（平成29年）
https://www.soumu.go.jp/johotsusintokei/whitepaper/ja/h29/html/nc135230.html

INTRODUCTION

No. 02 努力、根性の営業から、スマートな営業スタイルへ

アナログで行っていた努力・根性の営業スタイルから、BtoBマーケティングにもとづくスマートな営業スタイルに移行していくと、何がどのように変わるのでしょうか。

営業プロセスが変わる

営業プロセスを「Before（アナログ）」と「After（デジタル）」の2つに分けて整理してみました（図3）。

一番大きく変わるのが、「アポイントメント」「顧客訪問」のプロセスで、それぞれ「情報発信」「問い合わせ」に変わります。今までは、営業担当者が電話やメールから見込み顧客にアプローチをして、見込み確度の低い顧客まで含めて顧客訪問を行い、その中でニーズや課題を把握する、というのが一般的な流れでした。このような営業アプローチの仕方を、「アウトバウンド（プッシュ）型」といいます。

一方で、これからの営業スタイルは、商品やサービスに関する情報発信サイトを立ち上げ、ブログの記事やホワイトペーパーを充実させることで、**見込み顧客自らが、Googleなどの検索エンジンやデジタル広告から問い合わせをするモデルに変わります。**先ほどのアウトバウンド型に対して、「インバウンド（プル）型」といいます。

今までは確度の低い見込み客も含めてすべて営業担当者のみで対応していましたが、これからの営業スタイルなら、営業担当者は関心の高い見込み顧客（ホットリード）のみに対応すればよいので、仕事の生産性を大幅に向上させることが可能になります。

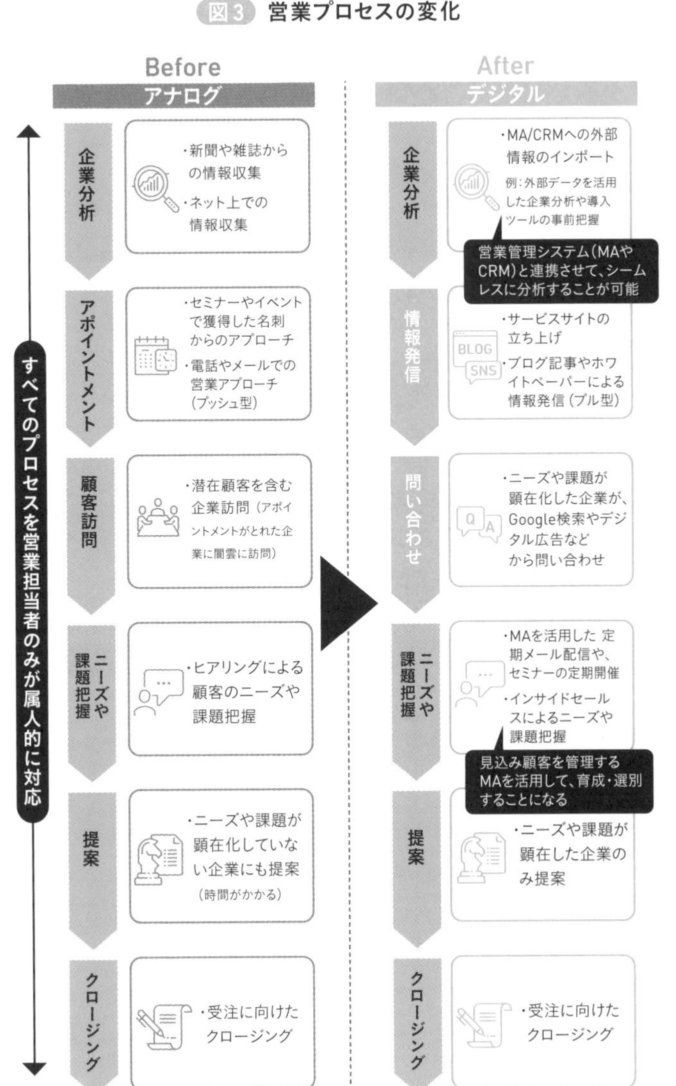

INTRODUCTION

No. 03 営業の仕組みづくりにデジタル施策を活用する

アウトバウンド型からインバウンド型に営業プロセスが変わる中で、どの部分にデジタル施策を取り入れることができるのでしょうか。本章02節で定義した「情報発信」「問い合わせ」「ニーズ・課題把握」の3つのプロセスに、5つのデジタル施策を割り当てます（図4）。

5つのデジタル施策で問い合わせが舞い込む仕組みをつくる

まず、「情報発信」に有効な打ち手として、商品やサービスを紹介するサービスサイトの立ち上げがあります。アクセス数（流入数）を増やすため、そこに掲載するブログ記事やホワイトペーパー（ダウンロード資料）などのコンテンツを充実させていきます。

次に「問い合わせ」件数を増やす手段としては、Googleの検索エンジンにコンテンツやサイト構造を最適化させるSEOや、デジタル広告（サーチ広告やディスプレイ広告）などが有効です。

また、「ニーズや課題把握」に関しては、MAを活用して、見込み顧客とコミュニケーションを行っていきます。具体的には、インサイドセールスやシナリオ設計にもとづくメール配信などを行います。サービスサイト内での顧客の行動を把握し、それぞれのアクションに対して点数づけ（スコアリング）を行うことで、興味・関心がどれぐらい高まっているかを顧客単位で定量的に把握していきます。

このように、今まで営業担当者が属人的に行ってきたことを、デジタル施策で仕組み化することで、顧客全体の管理がしやすくなるとともに、顧客の行動を定量的に把握できるため、**見込み顧客に対する優先度にメリハリをつけて活動することができます。**

図4 営業活動を助けるデジタル施策

デジタル施策

専用サイト

コンテンツ

SEO

広告

MA

情報発信

①コーポレートサイトとは別に商品・サービスの専用サービスサイトを立ち上げ

②ブログ記事やホワイトペーパー(ダウンロード資料)による情報発信

問い合わせ

③検索エンジンにコンテンツやサイト構造を最適化

④サーチ広告やディスプレイ広告といったデジタル広告

⑤マーケティングオートメーションツールを活用して見込み顧客をナーチャリング

ニーズや課題把握

アクセス数UP！を狙う

INTRODUCTION

No. 04 顧客の購買行動の変化

　インターネットが発達し、ネット上で様々な情報を得ることができるようになったため、顧客側の購買行動も大きく変化しました。
一般的に、社内で稟議を上げるときは、「起案」「情報収集」「評価選定」の3つのプロセスを踏まえて、商品やサービスの購入の意思決定が行われます。
　例えば、製造業における購買意思決定プロセス（図5）を、稟議に関係する部門や担当者（マネジメント、開発担当、購買担当、生産部門）ごとに見てみましょう。
　起案段階では、稟議を上げる開発担当者や、それを利用する生産部門などが、新技術や製品・業界トレンドの情報収集をネットで行います。また、情報収集を本格的に行う段階になると、ツールベンダーに自ら資料を請求したり、情報サイトから資料ダウンロードしたりする動きを取り始めます。

商談前に勝負が決まっている

　海外の調査データによると（図6）、**一般的な顧客が取引先の営業担当者に直接関与する前に、購買に至るまでの準備の半分以上を完了している**ようです。BtoB企業間の事業取引の60％がオンラインで始まるというデータもあります。
　今後は起案や情報収集のプロセスで、適切な情報をオンラインで発信していかないと、検討の選択肢にすら入れてもらえなくなるでしょう。

図5 製造業の購買意思決定プロセス例

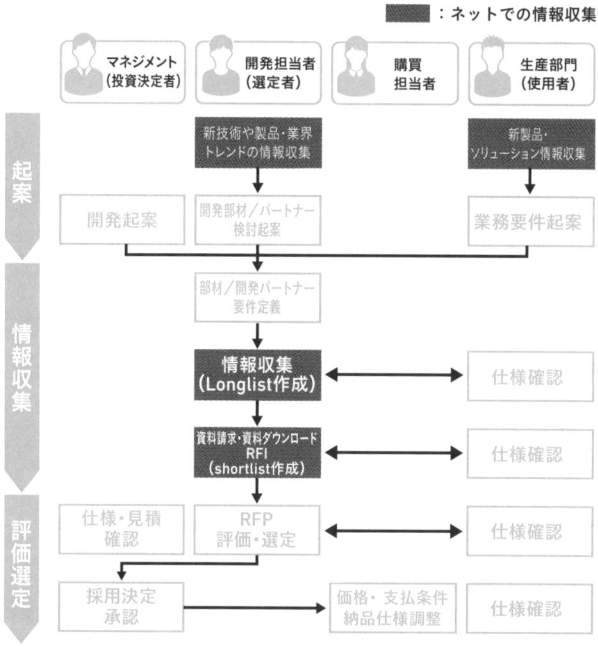

：ネットでの情報収集
マネジメント（投資決定者）
開発担当者（選定者）
購買担当者
生産部門（使用者）
起案
情報収集
評価選定
新技術や製品・業界トレンドの情報収集
新製品・ソリューション情報収集
開発起案
開発部材／パートナー検討起案
業務要件起案
部材／開発パートナー要件定義
情報収集（Longlist作成）
仕様確認
資料請求・資料ダウンロード RFI（shortlist作成）
仕様確認
仕様・見積確認
RFP 評価・選定
仕様確認
採用決定承認
価格・支払条件納品仕様調整
仕様確認

図6 営業担当者に会う前の購買プロセス進行度合い（平均的な顧客）

顧客は自ら商談を遅らせることを選択している
57%が完了
50%
検討開始
SEARCH
営業担当者と初めて接点を持つ
COMPANY
購入
N=1,500

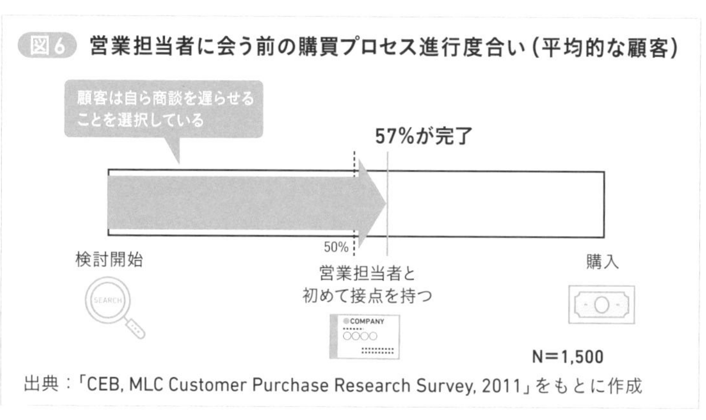

出典：「CEB, MLC Customer Purchase Research Survey, 2011」をもとに作成

No. 05　営業は分業体制へ

それでは、どこからどこまでをマーケティング部門が担当し、どこからどこまでを営業部門が担当することになるのでしょうか。

マーケティング部門と営業部門が担当する範囲

「企業分析」から「ニーズや課題把握」までの4つのプロセスをマーケティング部門が担うことになります。見込み顧客からの問い合わせ件数を増やす手法（リードジェネレーション）が「企業分析」から「問い合わせ」に該当し、見込み顧客を育成・選別していく手法（リードナーチャリング）が「ニーズや課題把握」に該当します（図7）。

営業部門が担当するプロセスは、「提案」と「クロージング」の2つだけです。マーケティング部門が、見込み顧客（リード）の獲得から育成・選別まで対応するので、営業担当者は、ホットリードと呼ばれる関心度が高まっている顧客への対応（フィールドセールス）のみになります（図7）。

関心度の高い顧客中心に営業できる

分業体制にすることの**最大のメリットは、営業担当者の負荷が減ること**です。すべての工程を営業担当者が担当していたときは、アポイントメントの設定や顧客訪問など、生産性が低い業務（移動時間を含む）に稼働時間の多くをとられていました。

しかし、分業後は関心度が高まっている見込み顧客だけに訪問すればよいので、営業効率が高まり、成約率を向上させることが可能です。詳細は7章で説明します。

図7 マーケティング部門と営業部門の役割分担

企業分析

・MA/CRMへの外部情報のインポート

例：外部データを活用した企業分析や導入ツールの事前把握

情報発信

・サービスサイトの立ち上げ

・ブログ記事やホワイトペーパーによる情報発信（プル型）

問い合わせ

・ニーズや課題が顕在化した企業が、Google検索やデジタル広告などから問い合わせ

ニーズや課題把握

・MAを活用した 定期メール配信や、セミナーの定期開催

・インサイドセールスによるニーズや課題把握

提案

・ニーズや課題が顕在した企業のみ提案

クロージング

・受注に向けたクロージング

リードジェネレーション

リードナーチャリング

フィールドセールス※

マーケティング部門

マーケティングチームによる、デジタルマーケティング施策（仕組み化）

営業部門

ニーズや課題が顕在化した企業のみ、営業担当者が対応

※実際に顧客を訪問し、商品・サービスの提案を行い、クロージング活動をすること

No. 06 データから優良顧客に効率よくアプローチする

近年では、データの環境面が整備されてきたことから、データを活用して顧客を分析し、その結果にもとづいて最適な対象顧客にアプローチすることが可能になってきています。

データを活用して見込み顧客を見つける

例えば、既存顧客を売上高や資本金を軸にしてセグメント化（分類）し、セグメントごとに市場占有率を見たり、顧客単価が高いセグメントを抽出したりしていきます。詳細は、4章でご説明したいと思いますが、それら分析結果を踏まえて、確度の高い見込み顧客へアプローチすることが可能になります（図8）。

データを活用して見込み顧客にアプローチする

最近では、見込み顧客の分析結果をパブリックDMP（データ・マネジメント・プラットフォーム）と呼ばれるデータ基盤と連携させることで、**ターゲットを可視化・推定した上で、シームレスに広告配信まで行うことが可能**になっています（図9）。

例えば、パブリックDMP内に蓄積されているIPアドレス（インターネットに接続された機器が持つ識別番号のこと）から法人企業を特定することもできるので、そこから対象となる事業者や業種を特定することができます。そして、DSP（デマンド・サイド・プラットフォームの略で、広告配信システムのこと）で広告を配信することで、**最適な情報を最適なタイミングで特定した企業に配信できる**ようになります。

図8 セグメントによる顧客の分析

（億円）
1,000以上
200以上
100以上
100未満
売上高
A B C D
E F G H
I J K L
M N O P
10未満 10以上 20以上 100以上 （億円）
資本金
1 市場ポテンシャルが高いセグメントは？
2 顧客単価が高いセグメントは？

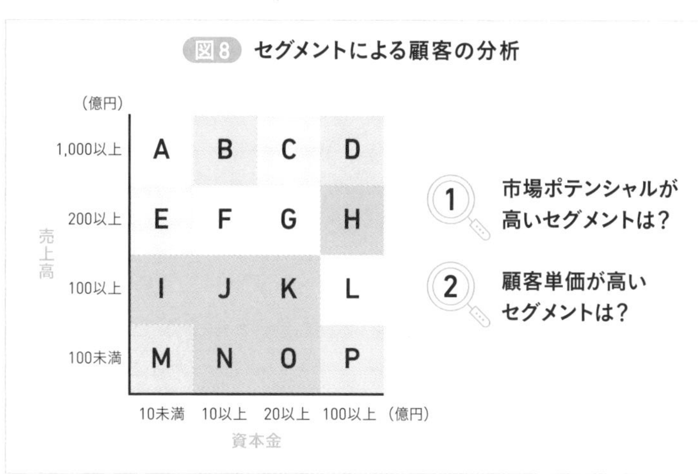

図9 データを活用したターゲティング配信

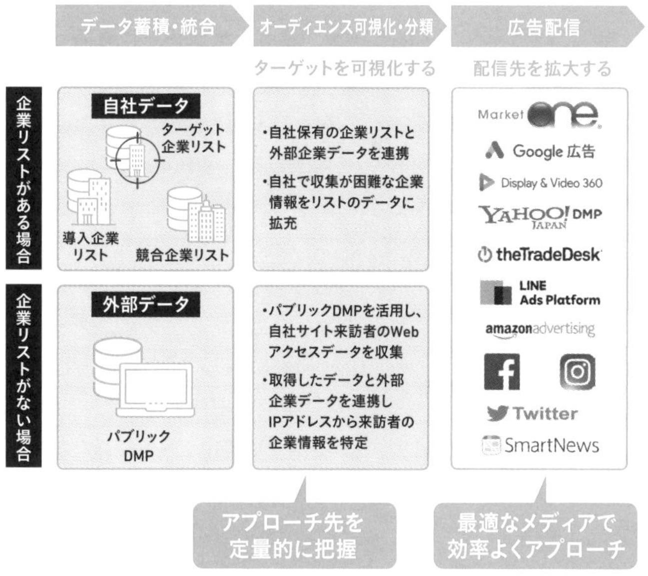
データ蓄積・統合
オーディエンス可視化・分類
広告配信
ターゲットを可視化する
配信先を拡大する
企業リストがある場合
自社データ
ターゲット企業リスト
導入企業リスト
競合企業リスト
・自社保有の企業リストと外部企業データを連携
・自社で収集が困難な企業情報をリストのデータに拡充
企業リストがない場合
外部データ
パブリックDMP
・パブリックDMPを活用し、自社サイト来訪者のWebアクセスデータを収集
・取得したデータと外部企業データを連携しIPアドレスから来訪者の企業情報を特定
Market one
Google 広告
Display & Video 360
YAHOO! JAPAN DMP
theTradeDesk
LINE Ads Platform
amazon advertising
Twitter
SmartNews
アプローチ先を定量的に把握
最適なメディアで効率よくアプローチ

COLUMN

BtoB企業もCMOやCDOの役割が重要になる

BtoC企業におけるCMO・CDOの台頭

BtoC企業では、CMO（チーフ・マーケティング・オフィサー）やCDO（チーフ・デジタル・オフィサー）の役職を設けて、統合的にデジタルマーケティングを推進する動きが活発化しています。部署に関しても、マーケティング部とは別に、経営企画部の中にDX（デジタル・トランスフォーメーション）を推進する部署を設け、会社全体でデジタルを推進する動きがでてきています。

BtoB企業におけるCMO・CDOの不在

正確な統計データがないため、BtoB企業におけるCMOやCDOの設置率は把握できていませんが、様々な企業を訪問して感じるのは、**CMOやCDOの役職を設けているBtoB企業が少ない**ことです。役員が兼務してCMOを名乗っているBtoB企業もありますが、実際にデジタル化を推進しているかというと、名ばかりの企業も多いのが実情です。

BtoBマーケティングは、デジタルの力を借りて営業プロセス全体を見直していく取り組みなので、マーケティングとセールス両方を管理するCMO（CDO）を設置して、全社事として推進していく必要があります。特に複数の部門と連携していく必要があるため、**トップマネジメント（取締役や執行役員など）がコミットとしていくことが非常に重要です。**

CHAPTER 1

BtoBマーケティングの基礎知識

No.

01

［マーケティングとは？］

そもそも マーケティングって何？

まず、そもそもマーケティングとは、具体的に何をすることなのでしょうか。マーケティングに該当する日本語もないため、何となく使っている用語の1つかと思います。

マーケティングできれば、営業はいらない？

マネジメント関連で数多く書籍を残している経営学者のピーター・ドラッカーは次のように述べています。

「マーケティングの理想はセールス（販売）を不要にすること」

非常に示唆に富む言葉です。セールスと比較してマーケティングを定義すると、マーケティングとは、「販売しなくても商品・サービスが売れる状態をつくること」です。それに対してセールスは、「商品・サービスを売り込むこと」と定義することができます（図1）。

見込み顧客と営業担当者の関係で整理すると、マーケティングの場合、見込み顧客から営業担当者に問い合わせが入ってくるのに対して、セールスの場合は、営業担当者から見込み顧客にアプローチすることになります。前章02節で、インバウンド（プル）型とアウトバウンド（プッシュ）型の営業スタイルがあるという話をしましたが、前者がマーケティングで、後者がセールスの手法を用いることになります。

とはいえ、法人企業の場合、すべてがマーケティング活動で解決するわけではありません。提案やクロージングにおいては、営業活動はいまだに重要であり、受注金額の大きい大型案件の場合は、「誰から買うか」も重要な評価ポイントになります。

図1 マーケティングとセールスの違い

	マーケティング	セールス
定義	販売しなくても 商品・サービスが 売れる状態を つくること	商品・サービスを 売り込むこと
見込み顧客と 営業担当者の 関係性	見込み顧客から 問い合わせがくる 見込み顧客   営業担当者	営業担当者が 見込み顧客に アプローチする 見込み顧客  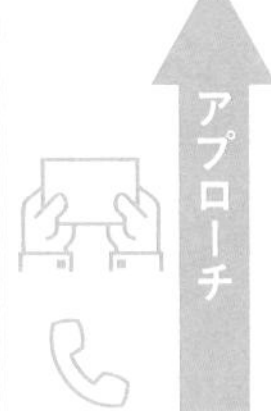  営業担当者

No. 02

［BtoBとBtoCのマーケティングの違い］

個人と法人でアプローチの仕方が違う

個人と法人でアプローチの仕方はどのように変わるのでしょうか。対象顧客と商品などの観点から、整理します（図2）。

BtoB企業とBtoC企業のアプローチの仕方

BtoB企業の場合、対象顧客は法人企業（法人格を持つ企業）になります。商品やサービスに関しても、安くても数十万円、高いものでは数千万円から数億円と、個人では買えないぐらいの高額商品です。そのため、アプローチ前に、業種や業界を明確化して、マーケティング部門や情報システム部門など、**対象企業の中で購入してもらえそうな部署まで特定する必要があります。**例えば、「通信業界で法人向けにソリューション販売をしている事業部の部長」が正しいターゲット設定で、電話、DM（メール）、セミナーなどの手段を活用していくのが正しいアプローチの仕方です。

BtoC企業の場合、対象顧客は生活者（個人）になります。販売する商品やサービスも、数百円から数万円と商品単価は決して高くはありません。また、アプローチの仕方に関しても、生活者1人ひとりにアプローチするのではなく、同じ趣味嗜好性や同じ属性単位などでターゲットを絞り込み、不特定多数のセグメントにアプローチします。例えば、「30代前半の首都圏在住のOL」というくくり方や、「20代でゲーム好きの独り暮らしの男性」などが、正しいターゲット設定で、TVCMやSNS広告など、多くの人に刺さるマスメディアやソーシャルメディアを活用することが正しいアプローチの仕方です。

図2 BtoB企業とBtoC企業の特徴

	BtoB企業	BtoC企業
対象顧客	法人企業	生活者(個人)
商品の価格	単価の高い商品	単価の安い商品
ターゲット	業界・業種を明確化する。対象企業の中で実際にアプローチする部署まで特定していく 例: 通信業界で法人向けにソリューション販売をしている事業部の部長	趣味嗜好性や属性単位でターゲットを絞り込む 例: 30代前半の首都圏在住のOL 20代でゲーム好きの独り暮らしの男性 ターゲット
アプローチの仕方	**アウトバウンド** ・電話、メール **インバウンド** ・セミナー ・専用サービスサイトからの問い合わせ Q A	TVCMや雑誌などのマスメディア、LINEやInstagramなどのSNS広告などを活用し、不特定多数のセグメントにアプローチする CM
例(ターゲット×アプローチ)	通信業界で法人向けにソリューション販売をしている事業部の部長向けに電話でアポイントメントをとる	30代前半の首都圏在住のOLに対して、Instagramを活用してキャンペーンを行う

No.
03
［BtoBとBtoCのマーケティングの違い］
個人と法人で購買の意思決定プロセスが違う

BtoBに衝動買いはない

BtoBの場合、購買の意思決定に複数の担当者が介在するので、通常、顧客は稟議を上げて決裁をとることになります。

例えば、実務担当者である課長が稟議書を作成し、上長である部長や購買部にお伺いを立て、最終的に部門の責任者である執行役員や取締役が承認するというプロセスを踏みます（図3）。購入する商品やサービスも高額であることが多いため、**衝動的に商品を購入することはなく、きわめて合理的な意思決定がなされます。**

BtoCの意思決定はシンプル

一方で、BtoCの場合は、家族や友人と相談することはあるにせよ、基本的に生活者（個人）が購買の意思決定を行います。

例えば、消費財メーカーから商品を購入する場合、売り手のマーケティング担当者と直接やりとりはしません。TVCMや雑誌、インターネットの情報などで商品を認知し、興味を持った場合は、検索エンジンやSNSで詳しい情報を調べます。最終的に、商品やサービスを店舗で手にとってみてから購入したり、ECサイトで購入したりするというのが、BtoCの場合の購買意思決定プロセスです（図4）。BtoCの場合は、購買の意思決定において、**自分以外の第三者の意見（流行・トレンド・世論などの時代の空気感）に影響を受けて、必ずしも合理的でない購買行動を起こす**可能性があるのが面白いところです。

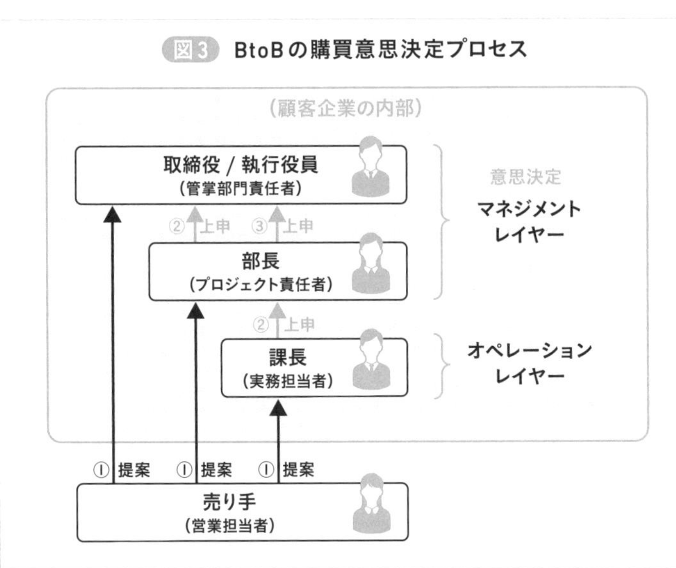
図3 BtoBの購買意思決定プロセス
(顧客企業の内部)
取締役 / 執行役員
(管掌部門責任者)
意思決定
マネジメント
レイヤー
②上申 ③上申
部長
(プロジェクト責任者)
②上申
課長
(実務担当者)
オペレーション
レイヤー
①提案 ①提案 ①提案
売り手
(営業担当者)

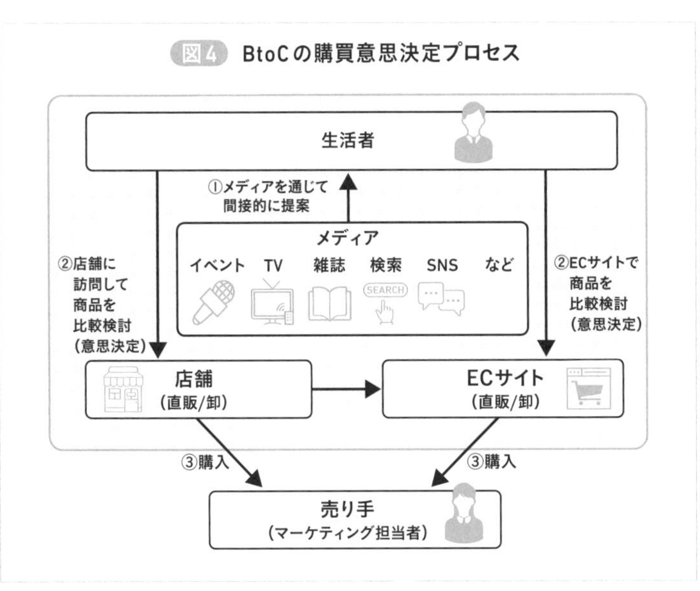
図4 BtoCの購買意思決定プロセス
生活者
①メディアを通じて
間接的に提案
メディア
イベント TV 雑誌 検索 SNS など
SEARCH
②店舗に
訪問して
商品を
比較検討
(意思決定)
②ECサイトで
商品を
比較検討
(意思決定)
店舗
(直販/卸)
ECサイト
(直販/卸)
③購入
③購入
売り手
(マーケティング担当者)

CHAPTER 1

No. 04

［BtoBとBtoCのマーケティングの違い］

個人と法人で求めている情報（コンテンツ）が違う

BtoBとBtoCでは顧客が異なるので、求めている情報（コンテンツ）に違いがあります。

求めている情報（コンテンツ）の違い

BtoBの顧客は、新しい技術情報や、求めている商品・サービスの仕様や価格、導入事例や導入後の成果など、稟議に上げるときに必要な検討材料を欲しています。

一方で、BtoCの顧客は、機能や価格だけではなく、第三者の意見（口コミ情報）や商品の情緒的な情報を求めています（図5）。

それでは、BtoBで求められている情報（コンテンツ）を、どのように見込み顧客にお伝えすると、商品・サービスの購入の検討につながるのでしょうか。

情報（コンテンツ）の伝え方

求めている情報（コンテンツ）を正しく顧客に伝えるためには、**「情報認識」「課題喚起」「解決策の提示」「商品理解・価値提案」「限定オファー」の5つのプロセスでコミュニケーションを行います。**自社の商品やサービスを顧客に知らせ、興味を持ってもらうことからスタートし、顧客が課題として認識している部分を訴求します。その上で、その課題を解決するための方法論を提示して、最終的に自社の商品やサービスと結びつけていくというのが正しい情報（コンテンツ）の伝え方になります（図6）。

例えば、ビジネスコミュニケーション用のチャットシステムを販売している会社が、どのように見込み顧客に情報を伝えていくかを考え

図5 商材と求めている情報（コンテンツ）の違い

	BtoB企業の顧客	BtoC企業の顧客
商材	比較的単価が高いもの（10万円～1,000万円）	比較的単価が安いもの（100円～10万円程度）
求めている情報	・新技術の製品 ・業界のトレンド情報 ・求めている商品/サービスの仕様や価格 ・導入事例や導入後の成果 ・支援企業の実績 ※基本、稟議を通すために必要な情報を求めている	・業界での話題性 ・シーズントレンド ・価格や機能 ・ブランド力 ・口コミ ・機能訴求だけでなく、商品が生み出す世界観

図6 情報（コンテンツ）を伝える5つのプロセス

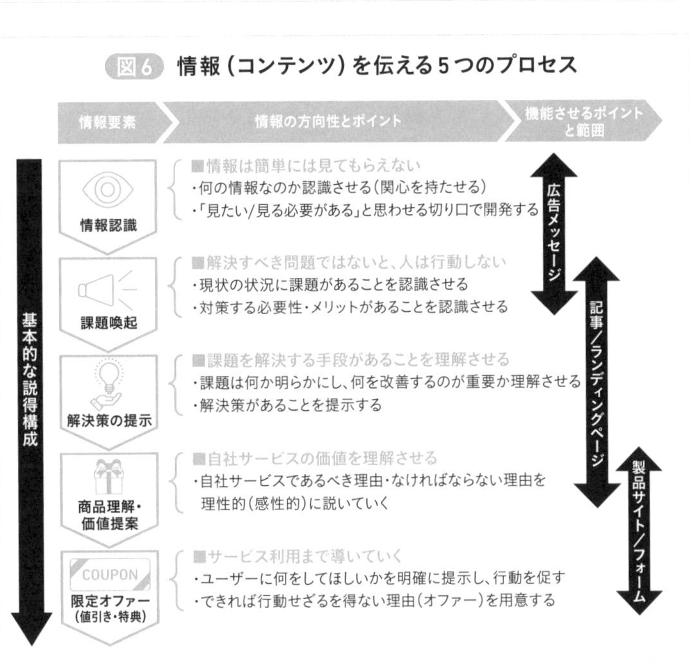

てみたいと思います（図7）。

まず、情報認識として、昨今の働き方改革を推進していくためには、少ない時間で仕事の生産性を高める必要があり、今までのような仕事の仕方ではダメだという共通認識を持つように促します。

次に課題喚起として、まずは、仕事の無駄を減らすことが重要であり、通勤時間や社内・社外の会議時間などを減らす必要性があることを課題として認識させます。

無駄を減らす解決策の1つとして、ビジネスコミュニケーション用のチャットシステムを提示し、このシステムを活用すると、リモートワークでも円滑にコミュニケーションがとれるので、仕事の無駄を減らすことができることを伝えます。

商品理解・価値提案では、競合他社の製品に対して、自社のチャットシステムのどこが優れているのか理解できるように提案します。

最後に限定オファーとして、期限までに購入いただければ20%オフにする、その他システムも購入いただければさらにディスカウントするなどの、個別企業向けのオファーを提示します。

情報を伝える順番も大事

情報認識がないと、そもそも興味・関心を持ってもらえません。また、顧客側に課題認識がなければ、解決策を提示しても興味を示してもらえません。**情報認識から限定オファーまで、5つのプロセスを踏んでコミュニケーションを設計する**ことで、見込み顧客の購買行動に変化を与えることが可能になります。

図7 プロセスごとに提供するコンテンツの切り口の例

チャットシステムを販売する場合

お問い合わせありがとうございます。A商品は単価1万円+税からご用意があります。詳しくは「商品情報」のクリックをお願いします。

商品情報

チャットシステムのイメージ

情報認識

■働き方改革で生産性を上げる必要性

働き方改革で、残業時間の上限規制あり、少ない時間で、仕事の生産性を高める必要がある

課題喚起

■勤務時間中の無駄な時間を削る

通勤時間や営業の移動時間など無駄な時間をまずは削る必要がある

解決策の提示

■ビジネスコミュニケーション用チャットシステムの活用

課題(無駄な時間を減らす)を解決するためには、チャットシステムが有効であることを提示

商品理解・価値提案

■他社にない差別化要素・付加価値を提示

自社サービスが他社製品に対して何が優れているのか、機能・価格・実績などを提示

限定オファー(値引き・特典)

■購入時の特典を提示

期間限定の、対象企業のみのオファーを提示し、購入を促進する

No. 05

［BtoBとBtoCのマーケティングの違い］

BtoBは営業部門がメイン、BtoCは広報・マーケティング部門がメイン

マーケティング部門をどこにおく？

営業主体で商品やサービスを販売しているBtoB企業には、そもそもマーケティング部門がなく、本来は投資家向け情報提供（IR）を担う広報部門が主導でイベントやカンファレンスの対応を行い、コーポレートサイトへの問い合わせ対応もしていることがよくあります。さらに、中小企業やスタートアップですと、専属の広報部門がなく、他部門の担当者が兼務していることも多いです。たとえ、マーケティング部門があったとしても、営業部門とは別の部署だったりすると、営業部門とマーケティング部門が対立していることもよくあります。

BtoBマーケティングは、マーケティングの力を活用して営業プロセス全体を改善し、収益を上げることがゴールになるので、**営業部門内にマーケティング部門をおくのが理想です。**そのマーケティング部門で、イベントやカンファレンスへの出展、コーポレートサイトにきた見込み顧客からの問い合わせなども対応していくほうが業務を運用レベルまで落としたときに進行がしやすいです（図8）。

一方で、BtoC企業の場合、対象顧客が生活者（個人）になるため、全部門との結びつきが強い広報部門やマーケティング部門が担うのが一般的です。これは、BtoC企業が営業との関わりあいがなく、全部門との結びつきが重要だからです。近年では、新規顧客向けの施策だけでなく、既存顧客向けのCRM（顧客との関係構築を行うこと）施策や、テクノロジーを活用した施策も増えているため、経営企画部門内に統合マーケティング部門をおく動きもあります。

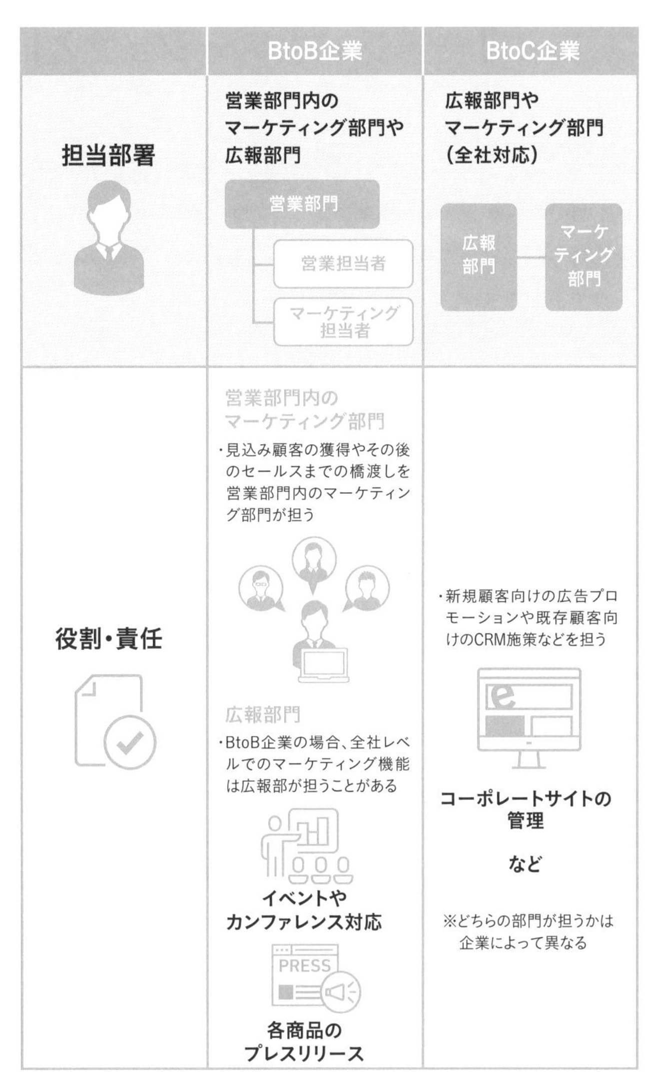

図8 マーケティングを担当する部署の違い

	BtoB企業	BtoC企業
担当部署	営業部門内のマーケティング部門や広報部門 営業部門 営業担当者 マーケティング担当者	広報部門やマーケティング部門（全社対応） 広報部門 マーケティング部門
役割・責任	営業部門内のマーケティング部門 ・見込み顧客の獲得やその後のセールスまでの橋渡しを営業部門内のマーケティング部門が担う 広報部門 ・BtoB企業の場合、全社レベルでのマーケティング機能は広報部が担うことがある イベントやカンファレンス対応 PRESS 各商品のプレスリリース	・新規顧客向けの広告プロモーションや既存顧客向けのCRM施策などを担う コーポレートサイトの管理 など ※どちらの部門が担うかは企業によって異なる

No.
06
［BtoBマーケティングの手法］
リードジェネレーションとは?

リードジェネレーションとは、**新規の見込み顧客（新規リード）を獲得するためのマーケティング施策です。**アプローチすべき新規リードがそもそもない、リードの質が低いといった場合は、リードジェネレーションから検討を始めてみましょう（図9）。

オフライン型の施策としては、名刺獲得のために通常の営業活動（顧客訪問）だけでなく、セミナーやカンファレンスに出展するなどの取り組みを行います。オンライン型の施策としては、コーポレートサイトや、商品・サービスを紹介する独立したサイトの立ち上げ、ブログ記事やホワイトペーパー（ダウンロード資料）などのコンテンツの充実があります。検索エンジンや広告などからサイトへの流入数を増大させ、問い合わせ件数を増やしていく取り組みです。

通常、オフライン型の施策を広報部や営業部門が担い、オンライン型の施策をマーケティング部門が担っています。

どれぐらい新規リードをつくれるのか?

オフライン型で新規リードをつくるには、アナログな活動がメインになるので、予算や人材に余裕のある企業は有利です。しかし、営業担当者が少ない会社では、投入できる人材に限りがあるため、新規リードの獲得件数に限界があります。

一方、オンライン型での新規リードは、初めは仕組みづくりに労力・コストがかかりますが、その後は、**営業担当者の労力をかけずに、月間200～300件程度の新規リードをつくることができます**（図10）。

図9 リードジェネレーションの特徴

リードジェネレーション：見込み顧客を獲得するための
マーケティング施策

目的	接触機会を増やし、 新たな見込み顧客を獲得すること	
施策	オフライン	・セミナー・カンファレンスでの名刺獲得 ・営業活動での名刺獲得 ・アウトバウンドセールス 
施策	オンライン 	・広告・SEO施策を用いた Webサイトへの流入増大 ・コンテンツマーケティングによる Webサイトへの流入増大 ・資料ダウンロード・お問い合わせ等に よるWebサイトからの リード情報 （企業名、氏名、メールアドレス等）の取得 

図10 オンライン型でつくれる新規リードの目安

	新規リード件数（目安）	代替指標※
立ち上げ半年以内	50～60件 （1日2～3件程度）	営業担当者 0.5人分
1年後	100～140件 （1日5～7件程度）	営業担当者 1～2人分
2年後	200～300件 （1日10～15件程度）	営業担当者 2～3人分　生産性UP

※営業担当者が1日に5件アポイントメントをとれると仮定して計算

No.
07
［BtoBマーケティングの手法］
リードナーチャリングとは？

リードナーチャリングとは、新規に獲得したリードや既存取引先に対して、興味関心や購買意欲を高め、**関心度の高い見込み顧客（ホットリード）を営業に引き渡すマーケティング施策**のことをいいます（図11）。名刺管理システムをすでに導入していて、数千件の名刺が登録されている企業の場合、リードナーチャリングからスタートするといいでしょう。リードナーチャリング施策を積極的に活用しているのが、顧客にMAを提供しているベンダー自身です。自らMAを使いこなしてリードナーチャリングで成果をだしています。リードナーチャリングとは別にリードクオリフィケーション※という方法もありますが、こちらは、顧客を絞り込んでいく方法です（図12）。

オフライン型の施策

オフライン型の施策としては、既存顧客向けのセミナーやパンフレット、ダイレクトメールの送付、インサイドセールス（電話による課題・ニーズ把握）などが該当します。

オンライン型の施策

オンライン型の施策としては、見込み顧客のデータベースへの登録や選別（クオリフィケーション）による管理、コミュニケーションシナリオにもとづくメール配信などが該当します。

リードナーチャリングの対象は、新規の見込み顧客に限りません。海外の調査データ（RIGHT HELLO）によると、失注したリードの16％が再び商談化する可能性を秘めているといわれています。

※本書では、リードクオリフィケーションは、リードナーチャリングの中の取り組みの1つとして整理します。

図11 リードナーチャリングの特徴

リードナーチャリング：見込み顧客を育成・選別するためのマーケティング施策

目的	見込み顧客の自社製品への興味関心・購買意欲を高めること	
施策	オフライン	・見込み顧客に対するセミナー案内 ・見込み顧客に対するパンフレットやダイレクトメールの送付 ・インサイドセールス
	オンライン	・MAを活用した見込み顧客の管理・選別（クオリフィケーション） ・MAを活用したコミュニケーションシナリオの設計 ・MAを活用したメール配信

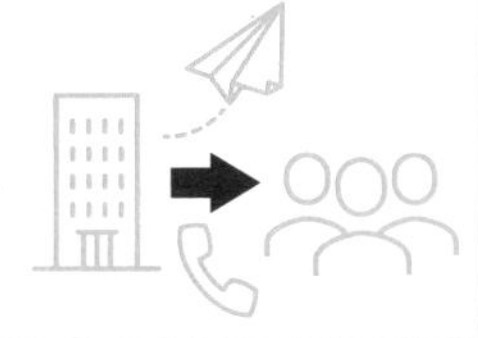

図12 リードクオリフィケーションとは？

リードクオリフィケーション：営業部門に引き渡しができるリード（ホットリード）を絞り込むこと

No. 08

［BtoBマーケティングの手法］

リードジェネレーションとリードナーチャリングの連携方法

新規の見込み顧客獲得のためにすべきことと、見込み顧客の育成・選別のためにすべきことを、オフラインとオンラインの観点でまとめました（図13）。オンラインに関しては、業務の流れを具体的に図示しています。顧客の獲得後にリード情報をMAで登録・管理し、顧客の育成・選別に移ります。MAに登録するまでがリードジェネレーションです。**営業担当者がリードを登録して初めて、今までバラバラに管理していた情報を会社全体で共有できます。**検索エンジンやデジタル広告、ホワイトペーパー（ダウンロード資料）、オンラインからの問い合わせなどをマーケティング部門が主導で進めます。さらに、登録された新規リードを育成・選別するリードナーチャリングは、マーケティング部門のメインの活動です。

オンライン上で完結する施策が主流に

少し前までは、新規の見込み顧客の獲得方法は、通常の営業活動や展示会での名刺獲得が主流でした。そのため、営業担当者が獲得した名刺をMAのデータベースに登録することがほとんどでした。

ですが、**最近では、オンライン上で見込み顧客を獲得し、そのままMAで育成・選別する動きが活発化しています。**このようにオンライン上ですべて完結するマーケティング施策を、「インバウンドマーケティング」と呼ぶようになっています。

オフラインからオンラインに変革するのは難しいかと思います。MAを活用した見込み顧客の育成・選別よりも、まずはオンライン施策から着手するとスムーズでしょう。

図13 リードジェネレーションとリードナーチャリングの全体像

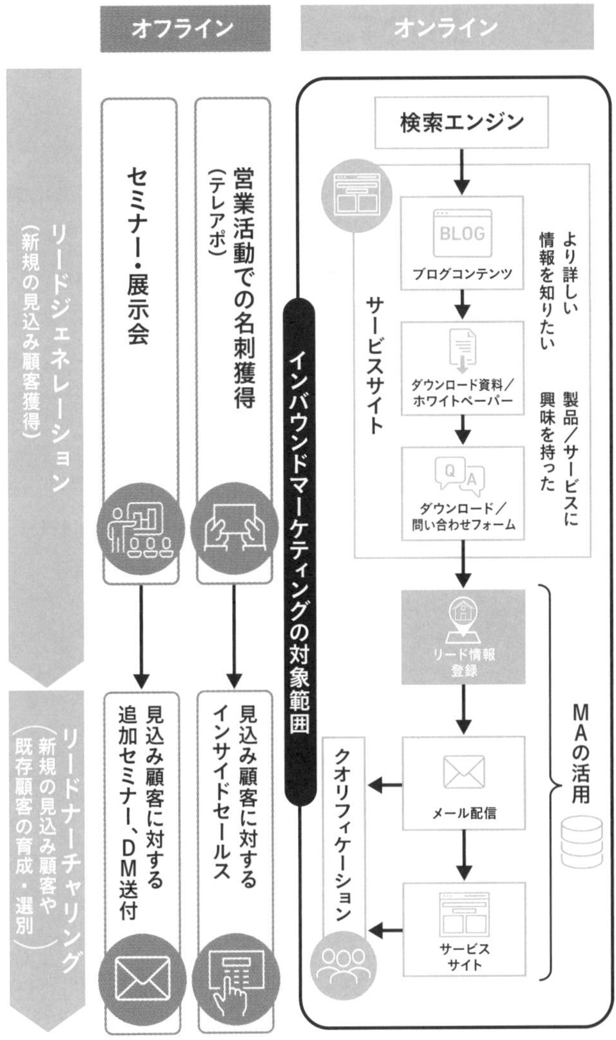

オフライン

オンライン

リードジェネレーション（新規の見込み顧客獲得）

セミナー・展示会

営業活動での名刺獲得（テレアポ）

インバウンドマーケティングの対象範囲

検索エンジン

サービスサイト

BLOG

ブログコンテンツ

ダウンロード資料／ホワイトペーパー

Q A

ダウンロード／問い合わせフォーム

より詳しい情報を知りたい

製品／サービスに興味を持った

リード情報登録

メール配信

サービスサイト

MAの活用

クオリフィケーション

リードナーチャリング（新規の見込み顧客や既存顧客の育成・選別）

見込み顧客に対する追加セミナー、DM送付

見込み顧客に対するインサイドセールス

CHAPTER 1

No.
09 ［BtoBマーケティングの手法］初めに着手すべきことは?

本章08節で述べたように、BtoBマーケティングの最終形は、リードジェネレーションとリードナーチャリングを一気通貫で推進して、見込み顧客と継続的なコミュニケーションを図ることです。

ですが、**社内の人的リソースや予算の制約条件がある中で、一足飛びにすべてを行うことは現実的ではありません。**リードジェネレーションからスタートするか、それとも、MAを導入してリードナーチャリングからスタートするか、どちらかにフォーカスする必要があります。

お客様からの問い合わせで、「見込み顧客の獲得と、育成・選別のどちらからスタートすべきか？」という質問を数多く受けますが、見込み顧客の取得（リードジェネレーション）から先行着手していくほうが、取り組みやすく成果がだしやすいです。

理由としては、リードジェネレーションの施策の特徴は、一度立ち上げて勝ちパターンが構築できると、その後の人的リソースをかけることなく、問い合わせ件数を増やすことができるからです。多いと月間200件から300件程度の新規リードを獲得できるので、営業担当者2〜3人分の活動量になります。

一方で、リードナーチャリングは、MA導入に初期コストがかかること、また、導入後もシナリオ設計やメール配信、インサイドセールスなど、運用を継続していくために、人的リソースを多く割かなければなりません(図14)。現実的に少ない人数でBtoBマーケティングを推進していくことになるため、まずは、リードジェネレーションに関連する施策（図15）から取り組み始めていくのがベターでしょう。

図14 リードジェネレーションとリードナーチャリングの特徴

	リードジェネレーション	リードナーチャリング
施策例	•専用サイトの立ち上げ •ブログコンテンツ（記事）やダウンロード資料の作成 •検索エンジン対策（SEO）	•MAの導入 •リード（プロスペクト）情報の登録精査 •シナリオ設計/メール配信 •スコアリング •リードクオリフィケーション（選別） •インサイドセールス
特徴	一度立ち上げておけば、その後の工数を最小限に抑えることが可能	MA導入に初期コストがかかる。また、導入後もシナリオ設計やメール配信、インサイドセールスなど、継続的な運用体制が求められる
想定効果	•成功モデルが構築できれば、月間200件程度の新規リードを営業担当者の工数をかけることなく獲得可能 •顕在顧客からの問い合わせが多いので、リードナーチャリングせずとも対応できるリードが多い	モデルが構築できれば、潜在顧客から顕在顧客への引き上げが可能になるので、さらに営業担当者にホットリードを渡すことが可能となる

図15 リードジェネレーション成功事例

• 法人向けにSNSのアカウント運用を支援しているシェアコト社

ノウハウ・コラム（ブログ記事）、お役立ち情報（ダウンロード資料）を充実させることで、自社サイトから月間150件程度の新規リード創出に成功している

No. 10

［BtoBマーケティングの手法］

どれぐらい投資する必要があるか？

BtoBマーケティングを本格的に推進することになった場合、どれぐらい投資する必要があるのでしょうか（図16）。

◎ 小額から始められるリードジェネレーション施策

まず、MA導入にかかる費用から見ていきたいと思います。ツールの利用料は、大企業向けに月額数百万円と高額のものもありますが、一番安くて月額6,000円のものもあります。また、設計・実装、運用サポートといったコンサルティング費用に関しては、設計・実装で月額50万円から、運用サポートは30万円から利用できます。

コンテンツ制作に関しては、商品やサービスを紹介するサービスサイトの制作に月額40万円（通常12か月契約）ほどかかります。また、ブログ記事やホワイトペーパー（ダウンロード記事）は内製化できれば当然無料ですが、外注した場合でも1本10～20万円ほどのコストで制作可能です。

SEO（検索エンジン最適化）は、テクニカルSEO（サイトを構造的に分析するSEO）の場合、初期設計で100万円ほど、月額の運用費が50万円程度かかります。

デジタル広告（サーチ・ディスプレイ広告）に関しては、5万円程度の広告出稿金額からスタートできます。

作業自体を自社で内製化したり、低価格なツールを使用したり、**まずは少額で施策を立ち上げ、成果に応じて徐々に投資金額を上げていくのが現実的な推進方法でしょう。**

図16 デジタル施策でかかる費用の目安

カテゴリ		金額
MA導入	ツール利用料	6,000円/月額～
	コンサルティング (設計・実装・運用)	設計・実装：50万円/月額～ 運用：30万円/月額～
コンテンツ制作	専用サービスサイト制作	40万円/月額～
	ブログ記事 ホワイトペーパー作成	内製化できれば0円 外注で10万円/1本～
集客施策	SEO	初期設計：100万円 月額運用：50万円 ※テクニカルSEOで抜本的に見直しした場合の価格。最小金額はそれぞれ50万円/30万円程度から可能
	デジタル広告	5万円～

リードジェネレーションに関わる「コンテンツ制作」や「SEO」からスタートし、次に、MAの導入を検討していく。集客施策は、セミナーなどの集客から取り組み始め、徐々に新規リード獲得全般に広告を活用していくのがベスト

COLUMN

BtoB企業が抱えている マーケティング課題

マーケティング支援を行うMtameが2017年に『B2Bマーケティングオートメーション意識調査』で、MAをすでに導入している企業254社に対して、マーケティングに関連する業務で抱えている課題に関するアンケートをとっています（図17）。

上位5つの課題に関して見てみると、大きく、コンテンツに絡む課題と、組織・人に関連する課題に分類することができます。

MAを導入した後は、コミュニケーション運用フェーズに入るため、コンテンツの設計や作成の重要度が増します。しかし、実際には社内に専門知識を持つ人材がいないため、ツールを入れただけの会社が多いのではないかと思います。部署間の連携に関しては、マーケティング部門を中心に、営業部門、企画部門、情報システム部門が緊密に連携していかないとBtoBマーケティングは成果がだしづらいのですが、こちらも同様にうまく回っていない会社が多いようです。

図17　マーケティングに関連する業務で抱えている課題（複数回答）

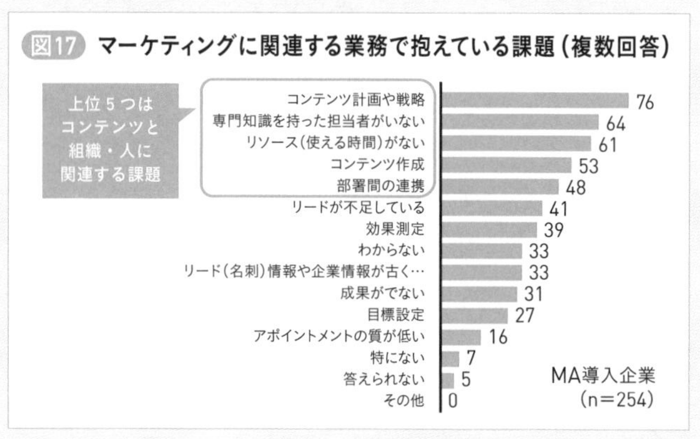

出典：「B2Bマーケティングオートメーション意識調査（2017年）」Mtame株式会社

CHAPTER

2

MA導入だけでは成果がだせない理由

No.
01

[MAの仕組み]

そもそもMAって何？

すでにご説明しましたが、見込み顧客を獲得するリードジェネレーション、見込み顧客を育成・選別するリードナーチャリング、営業活動や受注・維持を行うフィールドセールスの3つの営業プロセスがあります。この中で、MAがサポートする範囲は、顧客を育成・選別するリードナーチャリングです（図1）。

MA以外にもサポート管理ツールはある

元々、SFA（Sales Force Automationの略で、営業の商談を管理するツール）が先に生まれ、**商談管理の前工程にあたる見込み顧客を管理するツールとして、MAが生まれました。**

リードジェネレーションは、サービスサイトやブログでの情報発信がメインになるため、CMS（Contents Management Systemの略で、コンテンツを管理するシステム）を導入し、フィールドセールスは商談管理がメインになるので、CRM※を導入していくことになります。

近年では、名刺管理システムの導入が進んだことで、全社で名刺情報を一元的に管理できるようになりました。しかし、見込み顧客それぞれのステイタスに関しては、営業担当者の頭の中にしかなく、第三者が把握しづらいという状況にありました。そこにMAが登場したことで、**名刺情報（見込み顧客、リード）と顧客のステイタスが一元的にデータで管理・把握できるようになりました。**今までと違うかたちで顧客をサポートできるようになったことが一番大きな進化です。

※最近では、SFAといわず、CRM（Customer Relationship Managementの略で、顧客との関係構築を行うこと）という言い方が一般的になってきています

図1 MAがサポートする範囲

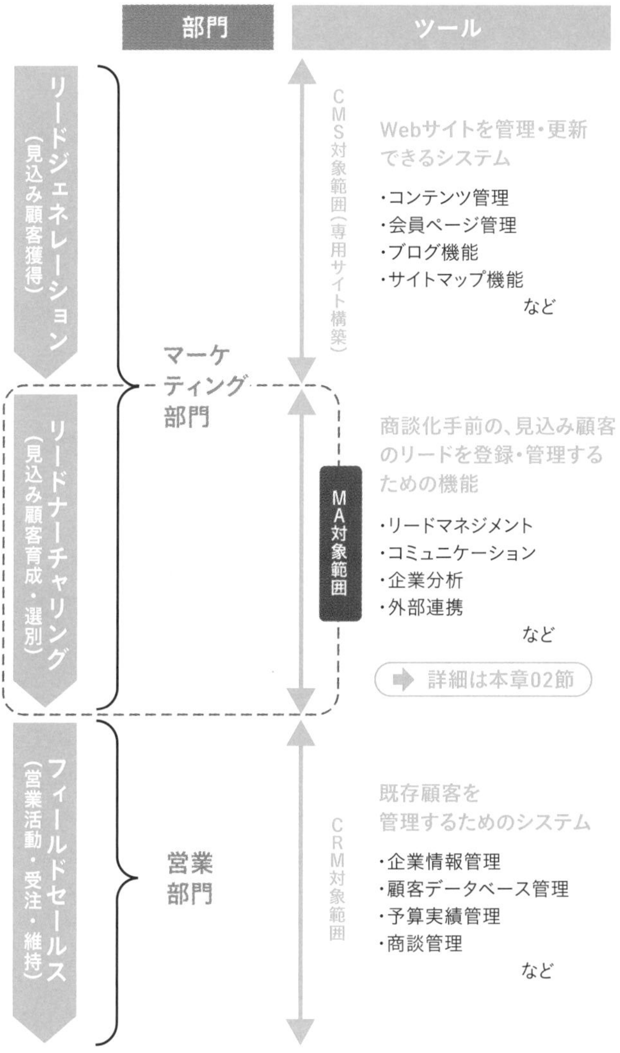

No. 02

［MAの仕組み］

MAでできることを把握しておこう

ツールベンダーによって機能は異なりますが、ここでは基本的なMAの4つの機能に絞って解説します（図2）。

MAの基本機能は4つある

1つ目が、リードマネジメント機能です。オンライン上からの問い合わせ対応のためのフォームを設置したり、名刺管理データベースと連携してMA側にリードを登録したりすることができます。

2つ目が、コミュニケーション機能です。簡易ホームページ（ランディングページ）を作成したり、事前にシナリオを設計した上で、設定した条件ごとに見込み顧客を分類（セグメント分け）して、メールを配信したりすることができます。

3つ目が、企業分析機能です。見込み顧客がサイト内でどのような動きをしているのか（行動トラッキング）、また、アクションに対してスコアがどれぐらい上がっているのか（スコアリング）など、定量的に把握することが可能です。

4つ目が、外部連携機能です。リードジェネレーション（CMS）とフィールドセールス（CRM）を連携するために必要な機能です。また、広告やソーシャルメディアとも連携できるので、MA上で広告媒体を登録しておくと、広告のクリック状況を把握できます。その他、SNSに発信したコンテンツの閲覧状況も把握することが可能です。

4つ目の機能は複数のシステムを扱うため、マーケティング担当者は、他の3つの基本機能をまずは使いこなせるようになりましょう。

図2　MAの4つの基本的な機能

基本的な機能		詳細
①リードマネジメント	問い合わせフォーム	オンライン上からの問い合わせに対応するフォームの設定が可能
	リード登録・管理	オンライン上から問い合わせのあった見込み顧客のリードを登録したり、名刺データベースの情報をMA側のリードとして登録可能
②コミュニケーション	簡易ホームページ作成	サービス紹介用の簡易ホームページ(ランディングページ)を作成可能
	セグメントメール配信	見込み顧客を設定した条件ごとに分類し、そのセグメントごとに必要な情報をメール送付可能
	シナリオ設計/キャンペーン管理	問い合わせや資料ダウンロードなど、問い合わせがあった企業のアクションに対して、事前に配信シナリオを設定することが可能
③企業分析	行動トラッキング	見込み顧客がサイト内でどのような動きをしているか把握することが可能
	スコアリング	見込み顧客がサイト内でとった行動に対して点数づけすることが可能
	アクセスログ解析	サイトへのアクセス状況やコンテンツの閲覧状況、見込み顧客単位でのログデータなどを把握することが可能
④外部連携	CRM連携	商談化した既存顧客を管理するCRMと連携することが可能
	広告管理/SNS管理	MA上で広告媒体を登録しておくと、広告のクリックなどを把握可能 また、ソーシャルメディアに発信したコンテンツの閲覧状況も把握可能

No. 03

［MAの選び方］

自社に合ったMAを選ぶには？

自社に合ったMAを選ぶにあたり、何を評価基準に選定すればよいでしょうか。まずは、日本国内の上場企業を対象としたMA導入状況に関する市場シェアを見てみたいと思います（図3）。

どんなMAツールがある？

まず、約27％で1番シェアを獲得しているのが、セールスフォース・ドットコムが提供するPardotです。2番目に大きいシェアが、アドビシステムズが提供するMarketoでシェアは約17％です。どちらも外資系ツールベンダーが提供しています。3番目は、イノベーションが提供するリストファインダーで約10％のシェアを、4番目は、Mtameが提供するBowNowで約7％のシェアを占めています。どちらも国産ツールベンダーで、基本機能はすべて揃えていながら低価格を売りにして、近年市場シェアを拡大しています。5番目はHubSpotで、シェアは約6％です。

何を基準に選ぶか？

シェアが大きいと、導入ノウハウや活用方法など数多くの成功・失敗事例を持っています。ですので、選定基準として、**導入シェアからツールを選ぶ**のもよいでしょう。また、**低価格のものを利用する**というのも評価基準の1つになりますし、**CRMやSFAなどの営業管理システムとの連携のしやすさでMAを選ぶ**というのも合理的な判断かと思います。図4に主要MAツールの特徴をまとめましたので、参考にしてみてください。

図3 MAの導入シェア（上場企業のみ）

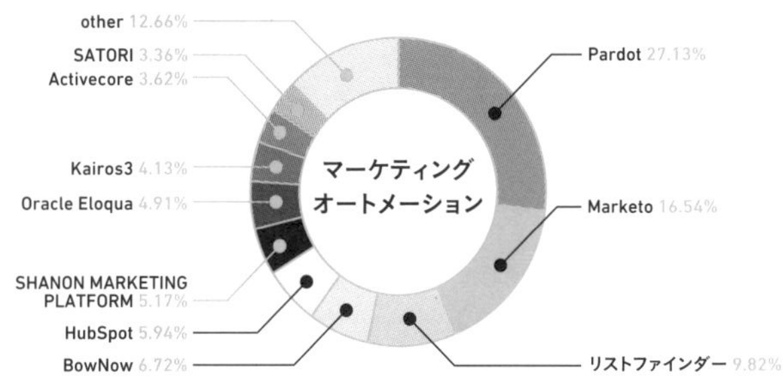

https://datasign.jp/blog/datasign-report-20190731/
出典：『DataSign Report 上場企業調査』上場企業が利用しているWebサービスランキング（2019年7月度）より引用

図4 主要MAツールの特徴

名称	特徴	URL
Pardot	・BtoBマーケティング機能が充実 ・Sales Cloud（営業管理ツール）との一貫した施策管理 ・スムーズなSFA連携	https://www.salesforce.com/jp/products/pardot/overview/
Marketo	・海外での導入数も多く、機能の網羅性も高い ・広告管理機能もあるため、サーチ広告やディスプレイ広告を運用している企業におすすめ	https://jp.marketo.com/
リストファインダー	・中小企業向けに低価格で利用できるツール ・名刺データ化代行や企業属性付与などの便利な機能が標準で利用可能	https://promote.list-finder.jp/
BowNow	・無料で利用できるフリープランがある ・ホットリストの自動抽出機能や追客サポート機能など、便利な機能も充実	https://bow-now.jp/
HubSpot	・CMS機能などインバウンドマーケティングに最適化されたツール	https://www.hubspot.jp/

No. 04

［MAの選び方］

主要なMAの機能を比較してみる

グローバルで数多く導入されているMarketo、HubSpot、Pardotの3つのツールの機能を比較してみましょう。図5を見ると、細かい機能の違いはあるにせよ、基本機能に関しては、どのツールベンダーに関しても、それほど違いはありません。

オフラインやオンラインでのリードジェネレーション施策によって入ってくる様々な流入経路からのリードを登録・管理していく必要があります。次に、登録された見込み顧客（新規リード）に対して、シナリオ設計を行い、メール配信でコミュニケーションを図っていきます。その後、それぞれのアクションに対して、見込み顧客がどのような反応をしたのか、企業分析を行います。**まずは、この3つの機能（「リードマネジメント」「コミュニケーション」「企業分析」）を活用**して、リードナーチャリングを実践してみてください。

中長期を見据えてツールを選ぼう

ある程度、運用できるようになってくると、新しいニーズがでてきます。例えば、広告管理やソーシャルメディア管理機能と連携させたい、CRMと連携させて新規と既存顧客を一気通貫で管理していきたいというニーズです。

導入段階では想定しづらいかもしれませんが、将来的にMAとCRMを密接に連携していくならば、Pardotが最適かもしれません。インバウンドマーケティングを強化していくならばHubSpot、MA単体で利用するならばMarketoが最適だと考えることもできるでしょう。

図5 主要MAの機能比較

	主要な機能	Marketo	HubSpot	Pardot
①リードマネジメント	問い合わせフォーム	○	○	○
	リード登録・管理	○	○	○
	ペルソナ管理		○	
②コミュニケーション	LP作成	○	○	○
	ブログ作成		○	
	SEO管理		○	
	CTA（Call to Action）作成・検証		○	
	メール配信	○	○	○
	シナリオ設計	○	○	○
	A/Bテスト	○	○	○
③企業分析	トラッキング	○	○	○
	スコアリング	○	○	○
	アクセスログ解析	○	○	○
	各種分析	○	○	○
④外部連携	CRM（SFA）連携	○	○	○
	ソーシャルメディア管理	○	○	○
	広告管理	○	○	○

No.
05

［導入以前の取り組み］

本当に導入する必要があるか判断しよう

前章では、リードジェネレーションとリードナーチャリングのどちらか一方を先行して着手するならば、リードジェネレーションからスタートしたほうが、人的リソースの観点からも立ち上げやすいという話をしました。

もう1つの視点として、新規見込み顧客の獲得と育成・選別よりも先に、既存顧客に対して行ったほうがよい販売施策があります。それは、収益面でインパクトを与えるアップセル（顧客の単価を上げること）とクロスセル（他の商品などをあわせて購入させること）です。

顧客軸×商品・サービス軸で考える

図6は、商品・サービス軸（既存/新規）と顧客軸（既存/新規）から、どのセグメントに注力すべきかを整理した図です。一般的に、既存顧客×既存商品・サービスのセグメントが収益の大きな柱になります。ここをスタートラインにして、**既存顧客に対して新規の商品・サービスを販売していくというのが営業のセオリーです**。一方で、既存の商品・サービスにまだ市場拡大余地がある場合は、新規の見込み顧客をできるだけ多く掘り起こしていくべきです。

既存顧客に対して新規の商品・サービスを売っていくという営業方針ならば、MAを導入するのではなく、商談管理システムとしてCRMの整備からスタートするべきです。一方で、新規顧客を軸に、既存や新規の商品・サービスの販売を強化していくという営業方針ならば、新規の見込み顧客を獲得することが重要になるため、MA導入の検討から進める必要があります。

図6 自社の注力領域を先に決めよう

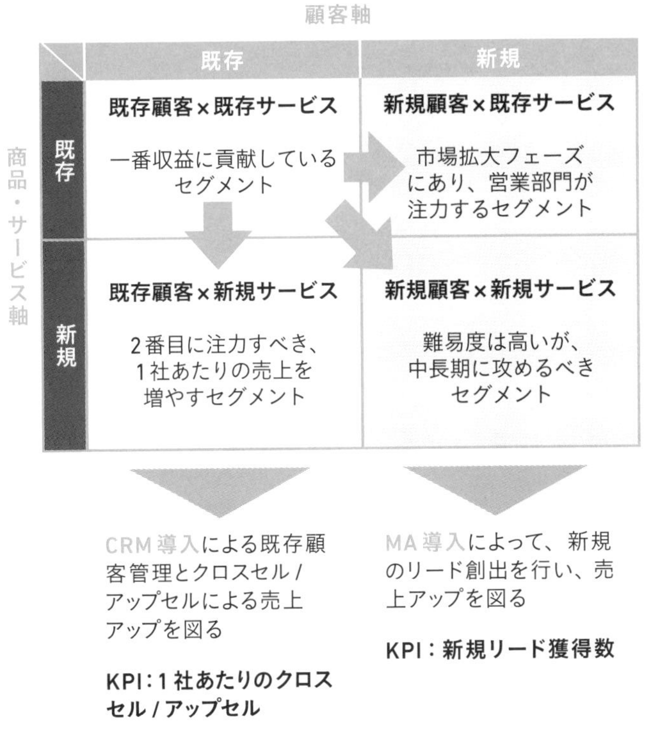

顧客軸

商品・サービス軸	既存	新規
既存	**既存顧客×既存サービス** 一番収益に貢献しているセグメント	**新規顧客×既存サービス** 市場拡大フェーズにあり、営業部門が注力するセグメント
新規	**既存顧客×新規サービス** 2番目に注力すべき、1社あたりの売上を増やすセグメント	**新規顧客×新規サービス** 難易度は高いが、中長期に攻めるべきセグメント

CRM導入による既存顧客管理とクロスセル/アップセルによる売上アップを図る

KPI：1社あたりのクロスセル/アップセル

MA導入によって、新規のリード創出を行い、売上アップを図る

KPI：新規リード獲得数

営業方針の決め方

①既存顧客×既存の商品・サービス → 一番、収益に貢献しているセグメントなので、品質を担保し継続につなげる（守りの営業）

②既存顧客×新規の商品・サービス → 既存顧客（得意先）に対して、クロスセル・アップセルを狙っていく

③新規顧客×既存の商品・サービス → 自社の主力製品に伸びしろがある場合は、新規顧客への販売を強化する

④新規顧客×新規の商品・サービス → 今まで取り扱っていなかった新規の商品・サービスを販売するため、新しい顧客セグメントを開拓する

No. 06

［導入以前の取り組み］

トップダウンで進めていこう

BtoBマーケティングで成功している企業には、共通項があります。その1つは、全社一丸となって新しい施策に取り組み、売上をアップさせていることです。

BtoBマーケティングを推進していくためには、マーケティング部門が主軸となりながら、営業部門、広報部門、情報システム部門、企画部門など、複数の部署が連携する必要があります（図7）。1つの部門内で完結する仕事（業務タスク）が少ないからです。**特に一番大きなコンフリクトが起こるのが、営業部門とマーケティング部門の連携です。**

よくあるパターンは、営業部門の力が強く、昔ながらのアナログ的なやり方で（それなりに）数字を達成してきている場合です。このような組織の場合、スタッフ部門に位置づけられるマーケティング担当者が今までのやり方を否定して、BtoBマーケティングを推進したとしても、営業部門の協力をとりつけることができません。

最善の解決策は、社長がBtoBマーケティングの推進にコミットすることです。もしくは、営業部門とマーケティング部門の両方の部門を管掌する事業責任者（例えばCMO：チーフ・マーケティング・オフィサーなど）をおき、その事業責任者が全体を推進していくことです。

言葉で書くと簡単ではありますが、**うまくいってない事例の大半が、組織体制に起因する**ため、導入の前段階で体制面を整備しておくことが非常に重要です。

図7 BtoBマーケティングは複数の部門の連携が必要

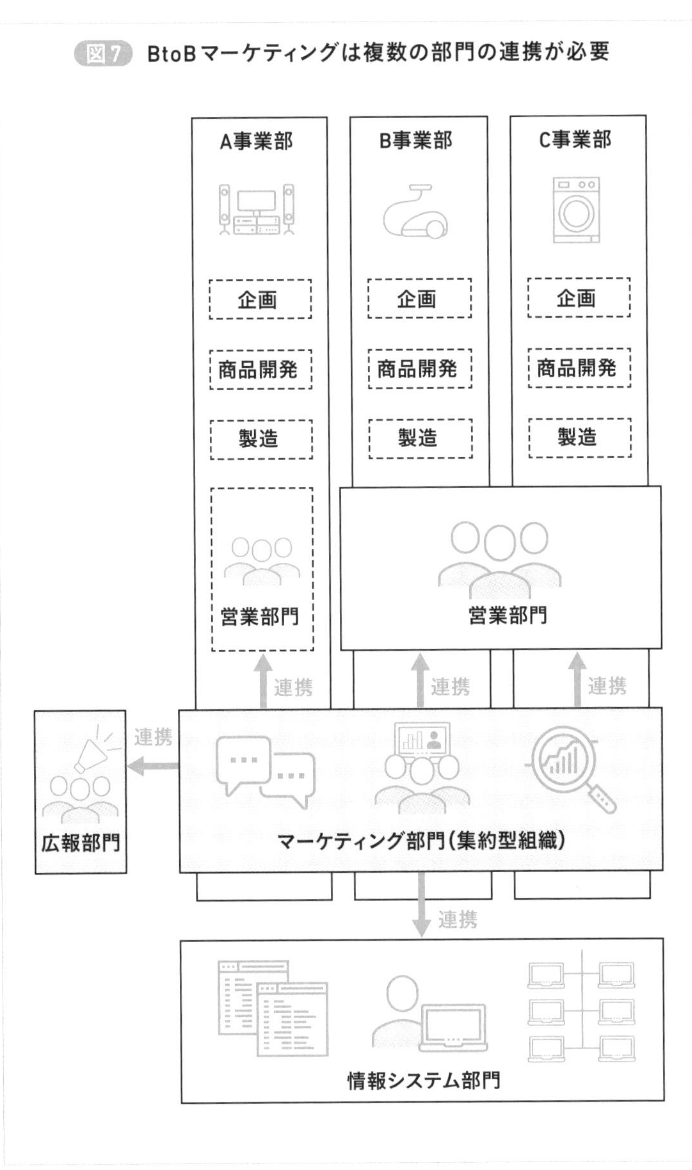

No. 07

［導入後の運用体制］

運用には2つの側面がある

導入後の運用体制で一番マンパワーがかかるのが、コミュニケーション運用です。具体的な作業タスクとしては、ブログ記事やホワイトペーパー（ダウンロード資料）の作成、MAを活用したシナリオ設計やメール配信などがあります（図8）。

ツールベンダーがやってくれるのはMA導入まで

MAやCMSなどのツールを導入するシステム運用に関しては、ツールベンダーやシステム開発会社がサポートしてくれるため、なんとか行うことができます。しかし、ツールベンダーやシステム開発会社はシステム周りの対応はできても、コンテンツ制作やMAを活用したシナリオ設計やメール配信まで対応できません。

結果的に、そういったコミュニケーション運用を社内で行うことになるのですが、専門知識を持つ人材や、実務担当者がいない場合もあります。すると、MAは導入したけれど、全く活用されていないという悲惨な状況になってしまうのです。

まずは、広告会社やBtoB専業のマーケティングエージェンシーと連携するのも手です。ノウハウを蓄積していき、最終的に社内で運用できる体制を構築していくのが現実的でしょう。

MAを導入することがゴールではなく、MAを導入した後に、どのようなシナリオで見込み顧客とコミュニケーションを図り、成約率の高いホットリードを営業部門に引き渡していくかがゴールとなります。まずは、戦略や施策検討段階で、どのような体制面で推進していくか検討しましょう。

図8 運用の2つの側面

	システム運用	コミュニケーション運用
やること	•CMS、MAの導入	•コンテンツ制作と更新（ブログ記事やホワイトペーパー作成） •MAを活用したコミュニケーション設計/運用（シナリオ設計やメール配信） •スコアリングとリードクオリフィケーション •インサイドセールス
対応部署	•情報システム部門	•マーケティング部門
支援会社	•システム開発会社	•広告会社など
課題	•システム開発会社は、システムの実装から運用までしか対応できないため、それ以外の運用サポートができないこと	•社内で対応できる人材がいないため、システム導入まではできたものの、その後の対応ができていないこと

最初は外部に委託して運用し、ノウハウを学ぶのが現実的

CHAPTER 2

No. 08

〔導入後の運用体制〕

CRM（営業管理システム）との連携をどうするか？

MAの導入よりも先に、既存顧客の案件管理システムとしてCRMを導入している企業も多いかと思います。例えば、セールスフォース・ドットコムが提供する「Sales Cloud」のようなツールを導入している場合もあれば、自社で開発したオリジナルシステムで案件管理している会社もあるでしょう。

MAとCRMの両方を連携して利用する場合、受注前までの見込み顧客のリードはMA側で管理し、案件を受注して取引先（既存顧客化）にした後はCRM側で管理していくことになります（図9）。先ほどのセールスフォース・ドットコムの場合、Pardot（MA）で管理しているデータベースとSales Cloud（CRM）で管理しているデータベースは別々でも、システム間で連携しているので、ボタン1つで見込み顧客から取引先企業にステイタスを更新することが可能です。

最終的にリードを一元管理する

MAとCRMが連携できることの最大のメリットは、問い合わせがあってから提案・受注に至るまでの一連の流れを顧客単位（リード単位）で把握できるようになることです。また、既存顧客に対するクロスセルやアップセルを実施していくときも、MA側の機能を活用してリードナーチャリングを行うことができます。

MAの導入だけでも、それなりにハードルはありますが、CRMと連携することを最終ゴールにおき、営業全体の業務改善と生産性アップにつなげていきましょう。

図9 リードナーチャリングとフィールドセールスの全体像

COLUMN

基本のフレームワーク「マーケティングファネル」

「ファネル」の基本形

「マーケティングファネル」という、マーケティング関連の書籍に必ず掲載されている有名なフレームワークがあります。ファネル（Funnel）とは漏斗（じょうご・ろうと）という意味で、顧客の意識が認知から購入・共有に近づくほど、次の段階に進む顧客の数が減っていくのを表しています。

最近は、ファネルに変わるコンセプトがでてきています。例えば、インバウンドマーケティングを提唱しているHubSpotは、ファネルではなく「フライホイール」という新しい購買サイクルを提唱しています。顧客を円の中心におき、「アトラクト（惹きつける）」「エンゲージ（信頼関係を築く）」「ディライト（満足させる）」という3つのステージで顧客を包括的にサポートしていこうとしています。顧客の課題やニーズが多様化する中で、ファネルに代わる新しい購買サイクルが今後も生まれてくるでしょう。

図10 マーケティングファネルとフライホイールモデル

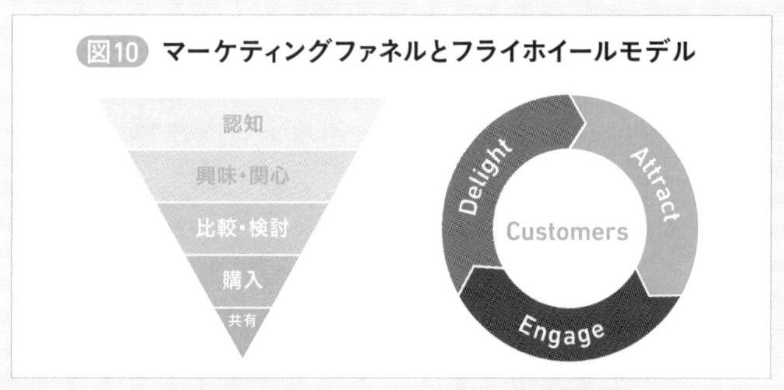

CHAPTER

3

BtoBマーケティングを統合的に推進するためには?

No. 01 ［BtoBマーケティングの全体設計］

BtoBマーケティングの大まかな流れを知ろう

本章では、BtoBマーケティングを全社レベルで推進するための大きな流れを定義し、プロセスごとにどのような施策を行うべきかを見ていきたいと思います。

やるべきことを俯瞰して整理する

図1は、BtoBマーケティングを推進していくときの全体像です。横軸では「戦略・事業理解」「課題の整理・構造化」「マーケティング施策立案」「ソリューション実装・運用」の4つのステップを定義し、縦軸では「7つのC」という分析フレームワークを活用して検討する範囲を定義します。

4つの検討ステップ

BtoBマーケティングの具体的な施策に入る前に、**自社のサービスや事業がどのような収益モデルやコスト構造で成り立っているかを整理する**必要があります（A）。その上で、KGI（Key Goal Indicator）やKPI（Key Performance Indicator）の**数値目標を立てます**。次にマーケティングやセールス領域の課題を抽出し、**本質的な課題を見つけていきます**（B）。

ここまでできて、ようやくリードジェネレーションやリードナーチャリングに関する**マーケティング施策の企画立案を行う**（C）ことができ、最終的にどのようにオペレーションを回していくかという**運用体制を構築**（D）することができます。

図1 BtoBマーケティングの全体像

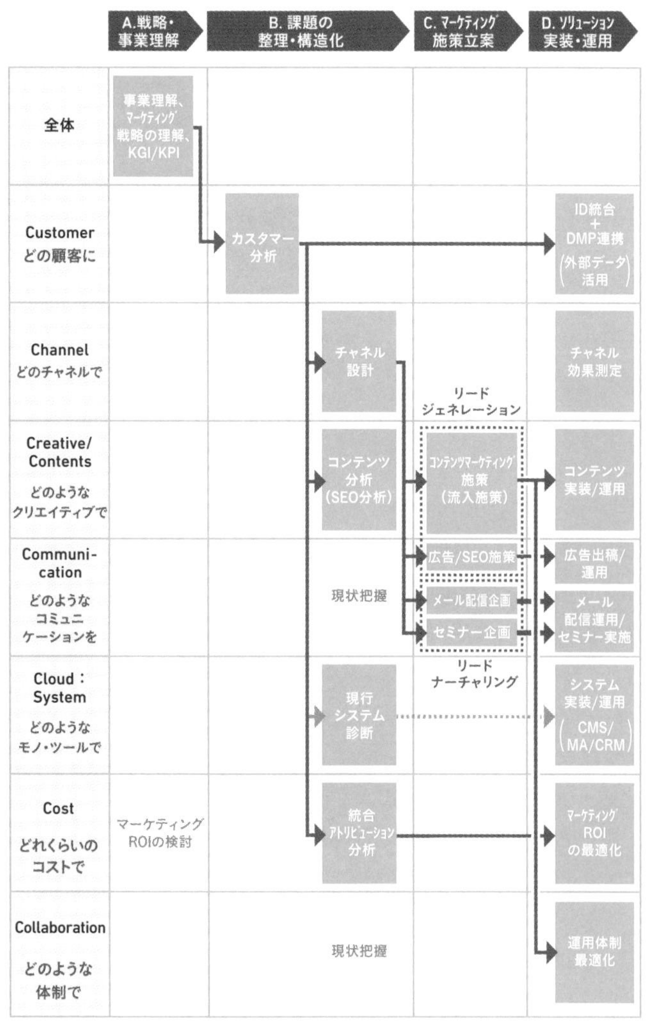

7つのCで検討範囲を整理する

次に縦軸の定義です（図2）。マーケティングでは4P（Product, Price,Place,Promotion）などの分析フレームワークがありますが、BtoBマーケティングを構造的に整理する軸として7つの切り口から検討範囲を整理していきます。

上段の4つのCは、企業と企業（顧客）がどのようなやりとりを行うべきかを定義しています。具体的には、「どの顧客に（Customer）」「どのチャネルで（Channel）」「どのようなクリエイティブ・コンテンツを活用して（Creative/Contents）」「どのようなコミュニケーションを行うか（Communication）」を定義します。**一番重要なのは「Customer（顧客）」になります。**

下段の3つが、「どのようなモノ・ツールで（Cloud：System）」「どれくらいのコストで（Cost）」「どのような体制で（Collaboration）」を定義しています。BtoB企業に限らず、デジタルマーケティングを推進していくときは、**様々な部署が関連することになるので体制づくり（Collaboration）は非常に重要です。**また、MAやCRMなどのシステム投資が絡むので、費用（Cost）に関しても継続的に観察していく必要があります。

「マーケティング施策立案（C）」としては、コンテンツマーケティングや広告などのリードジェネレーションと、MAを活用したリードナーチャリングの2つに絞り込まれます。ただし、企業ごとに推進している事業とその課題は全く違います。ですので、**まずはマーケティング施策立案の前工程から検討する**ことをおすすめします。ソリューション実装のステップから、MAを先に導入してしまい、後になってから、そもそも何の課題を解決するためにBtoBマーケティングをやることになったのかよくわからない、という失敗例を数多く見てきていますので気をつけてください。

図2 分析フレームワーク「7つのC」

企業外 4C	どの顧客に (Customer)		自社の顧客（潜在、一般、優良）は誰なのか（顧客の可視化）
	どのチャネルで (Channel)		どのようなチャネル（タッチポイント）の組み合わせが最適なのか
	どのようなクリエイティブで (Creative/Contents)		どのようなクリエイティブ/コンテンツが有効か
	どのようなコミュニケーションを (Communication)		新規顧客獲得、既存顧客との関係構築のためのコミュニケーションやシナリオはどうあるべきか
企業内 3C	どのようなモノ・ツールで (Cloud：System)		活用するマーケティングテクノロジーは何を選択すべきか
	どれくらいのコストで (Cost)		施策にかかるコスト、獲得単価はどうあるべきか、予算の最適配分はどうあるべきか
	どのような体制で (Collaboration)	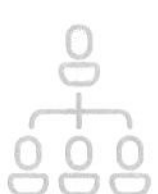	組織体制と運用はどうあるべきか、外部パートナーとどのように連携すべきか

No. 02

［BtoBマーケティングの全体設計］

KGI/KPIの定義と評価指標の設定

全体設計する際にもう1つ重要なのが、KGI・KPIの設定です。一般的にKGI（Key Goal Indicator）は売上/利益の最大化になります。KPI（Key Performance Indicator）は、法人企業の場合、顧客数と顧客単価に分解し、顧客数に関しては、さらに新規の見込み顧客と既存顧客に分解します（図3）。図を見てわかるとおり、売上利益を上げていくためには、顧客数を増やすか、（1社あたりの）顧客単価を上げる以外に方法はありません。顧客単価は、品揃えの充実や、プロダクト販売からソリューション販売へのシフトなど、商品・サービスそのものに起因することが多いため、**BtoBマーケティングの施策が効果を発揮するのは、新規見込み顧客の創出と、受注するまでのプロセス改善**になります。

パイプラインの考え方

図4は、新規に獲得した見込み顧客（新規リード）をパイプライン管理した場合の設定例です。ビジター数は、サービスサイトへの訪問者数やセミナー・イベントの出席者数になります。プロスペクトがMAに登録された新規リード数で、MQL（Marketing Qualified Lead：購買の状況がある程度進んでいるリード）、SQL（Sales Qualified Lead：インサイドセールスや営業がフォローしているリード）、商談成立という順番で見込み顧客が絞られていきます。

プロスペクトからSQLまでが、顧客数（新規見込み顧客）に関わるKPIになるため、実際の運用では、オンライン・オフライン両方で獲得したリード数を細かく管理していく必要があります。

図3 KGI/KPI定義と評価指標の設定

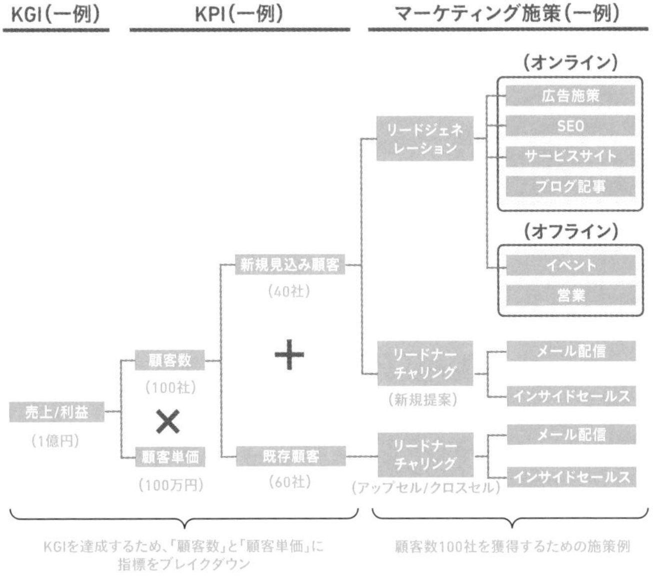

KGI（一例）　KPI（一例）　マーケティング施策（一例）

売上/利益（1億円）

顧客数（100社） × 顧客単価（100万円）

新規見込み顧客（40社） ＋ 既存顧客（60社）

リードジェネレーション
（オンライン）広告施策／SEO／サービスサイト／ブログ記事
（オフライン）イベント／営業

リードナーチャリング（新規提案）
メール配信／インサイドセールス

リードナーチャリング（アップセル/クロスセル）
メール配信／インサイドセールス

KGIを達成するため、「顧客数」と「顧客単価」に指標をブレイクダウン

顧客数100社を獲得するための施策例

図4 パイプライン管理の評価指標の設定例

	パイプライン	数値（件数・金額）（オンライン）	数値（件数・金額）（オフライン）	評価指標	部門
	ビジター数（サイト訪問者数）	100,000件	セミナーやイベントなどで6,000件	・アクセス数（PV/UU） ・検索エンジン順位（ワードごと）	マーケティング
KPI（顧客数）	プロスペクト（リード）	1,000件	2,000件	・コンバージョン数（問い合わせ数、資料DL数） ・広告ROI（費用対効果）	マーケティング
KPI（顧客数）	MQL（Marketing Qualified Lead）	800件	1,600件	・スコアリングデータ ・インサイドセールス状況（定性的）	マーケティング
KPI（顧客数）	SQL（Sales Qualified Lead）	200件	400件	・営業訪問数 ・案件確度	セールス
KGI	商談成立（売上高）	2億円/2件	5億円/5件	・案件単位での売上/粗利 ・企業単位での売上/粗利	セールス

No.
03 ［データ分析の概要］施策を考える前に、既存顧客を分析して優良顧客を見つける

複数のデータベースを横断して分析する

企業のデータベースが、最低限、社内で整備されていれば、企業名をキーにして外部データを活用した企業分析を行うことが可能です。例えば、Sansanの名刺管理データベースや、CRMの営業管理システムなどが導入されていれば、それをベースに分析していきます。その他、MAもすでに導入されていれば、新規リードの傾向値と、すでに商取引のある企業の傾向値の比較を行うことも可能です。

図5は、顧客分析のステップです。ステップ①では、自社のデータ（例えばSalesforceに入っているデータ）と外部データ（例えばFORCASのデータ）を企業名で連携させて、ステップ②でデータを分析し、ダッシュボードやエクセルなどでデータを可視化します。最終的にステップ③で、既存顧客にどういった傾向があるのか、様々な切り口で分析していきます。

対象顧客を絞り込む

図6は対象顧客を絞り込むときの考え方です。例えば、市場全体が約120万社あったときに、市場全体で自社の既存顧客がどれぐらいいるのか、また同様に、上場企業がどれぐらいいるのか集計し、最終的に既存顧客の中にいる上場企業の数を集計します。既存顧客かつ上場企業が分析できれば、そこから、**まだ取り込めていない上場企業の傾向値などを把握することも可能**です。

図5 既存顧客の分析プロセス

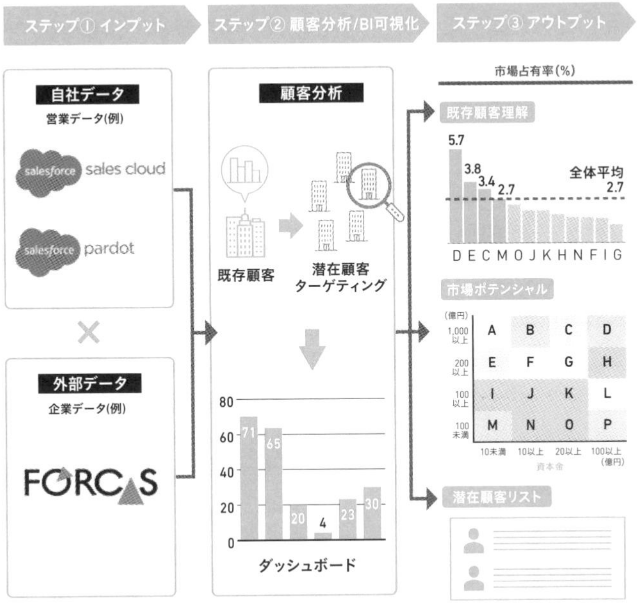

ステップ① インプット
ステップ② 顧客分析/BI可視化
ステップ③ アウトプット

自社データ
営業データ(例)
salesforce sales cloud
salesforce pardot

×

外部データ
企業データ(例)
FORCAS

顧客分析
既存顧客
潜在顧客ターゲティング

80
60
40
20
0
71 65 20 4 23 30
ダッシュボード

市場占有率(%)

既存顧客理解
5.7 3.8 3.4 2.7
全体平均 2.7
D E C M O J K H N F I G

市場ポテンシャル

(億円)				
1,000以上	A	B	C	D
200以上	E	F	G	H
100以上	I	J	K	L
100未満	M	N	O	P
	10未満	10以上	20以上	100以上(億円)

資本金

潜在顧客リスト

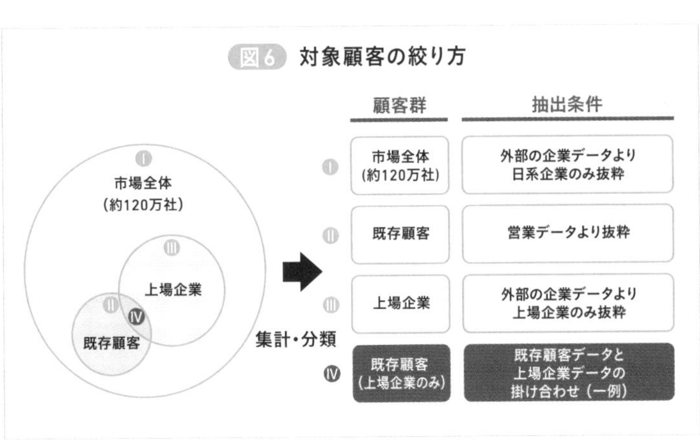

CHAPTER 3

既存顧客の分析から潜在顧客をリスト化する

具体的にどのようなステップを踏んで、優良顧客化しそうな潜在顧客を見つけていくかを見ていきたいと思います（図7）。

初めのステップは、すでに取引のある既存顧客を分析・理解することです。社数が多い場合は、売上上位100社で絞り込む、上場企業のみで絞り込むなどの工夫をして、対象顧客を分類（セグメント化）していきます。分類方法は様々ありますが、例えば、売上高と資本金の軸で顧客を10から20ぐらいのセグメントに分類していきます。

次に行う作業は、ターゲット顧客の特定です。例えば、顧客セグメント単位で、どれぐらいの企業数と取引実績があるのか、世の中の企業数を母数として市場占有率をだします。また、顧客セグメント単位で、どういった商品・サービスが売れているのか、顧客単価がどれぐらいなのかを分析します。

既存顧客を理解し、ターゲットとなる顧客が特定できたら、それらの**分析結果を踏まえて、潜在顧客のリストを作成**していきます。取引実績がある顧客数はまだ少ないが、高単価の商品・サービスが売れている顧客が存在するセグメントであれば、同じセグメントに属する企業をリストアップしてアプローチをかけていくのが有効な打ち手となります。一方で、顧客セグメントの市場占有率が高い場合、顧客へのアプローチ数を増やしていくのは難しいため、既存顧客に対してクロスセル・アップセルをしていく提案のほうが打ち手として有効です。

運用方法に関しては、KPIのロジックツリーを作成した上で、件数や単価などのデータを可視化するためのダッシュボードを構築し、複数の部門が同一のデータを共有できるようになると成果が把握しやすくなります。

図7 既存顧客の分析から潜在顧客をリスト化するまでの流れ

	既存顧客の分析・理解	ターゲット顧客の特定	潜在顧客リストの作成	KPIの管理・運用
タスク	・対象顧客の絞り込み ・対象顧客のセグメント化 ・顧客セグメントの深堀り ・対象顧客の理解：整理	・注力領域ターゲットの特定 ・顧客セグメントごとの市場占有率 ・顧客セグメントごとの顧客単価 ・市場ポテンシャル分析 ・ターゲット顧客の特定：整理	・潜在顧客ランクづけ ・潜在顧客リスト抽出 ・潜在顧客リストの作成：整理	・KPIロジックツリー設計 ・ダッシュボード設計 ・KPIの管理・運用：整理
アウトプット	・対象顧客セグメントリスト ・業種別顧客リスト ・商材別顧客リスト	・市場ポテンシャル企業マップ	・潜在顧客リスト	・KPIロジックツリー ・BIダッシュボード

既存顧客のセグメント化（例）

売上高＼資本金	10億円未満	10億円以上	20億円以上	100億円以上
1,000億円以上	0社	1社	10社	30社
200億円以上	6社	4社	15社	3社
100億円以上	3社	3社	3社	0社
100億円未満	15社	3社	3社	1社

セグメント単位での市場占有率（例）

売上高＼資本金	10億未満	10億以上	20億以上	100億以上
1,000億以上	0%	3%	3%	5%
200億以上	4%	2%	1%	2%
100億以上	2%	3%	3%	0%
100億未満	3%	2%	3%	1%

顧客リストの作成（例）

企業名	業種	潜在度	既存／新規	進捗
○○商事	卸業	ランク1	新規	済
○○システム	ソフトウェア開発	ランク1	新規	済
○○商店	コンテンツ制作・配信	ランク2	新規	未
○○派遣	人材関連サービス	ランク3	新規	未

KPIロジックツリー（例）

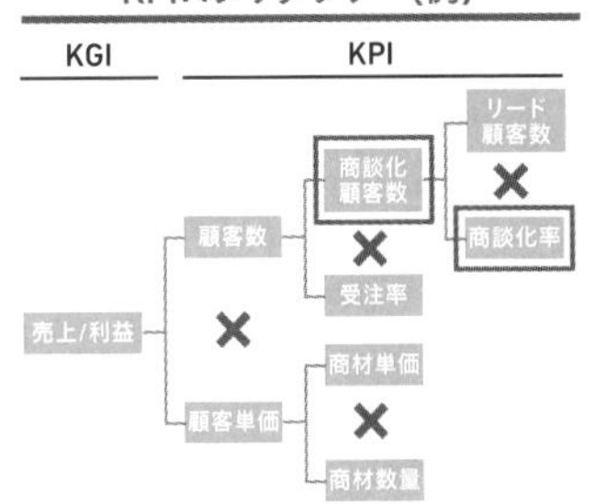

No.
04 ［コンテンツ制作の概要］ 見込み顧客が求めているコンテンツを充実させる

見込み顧客が求めているコンテンツを充実させるためには、キーワード（KW）分析を行います。**ユーザーの検索意図（インテント）や検索市場を考慮して、ユーザーの求めている情報を適切に提供**するためです。参考になるデータとして、例えば、アクセスログや行動ログデータ、Googleの検索傾向などを分析し、キーワードそれぞれの検索意図を捉えていきます。

図8は、車両保険関連のキーワード分析を実施した例です。まず、競合劣位しているものや、競合も手をつけていないキーワードを抽出します。次に、抽出したキーワードを検索意図によってグルーピングして整理します。検索意図の分析は、各キーワードで検索したときに上位に表示されるWebページを目視で確認します。検索意図をもとにページ数を確定し、コンテンツの構成要件を定義していきます。最終的に検索ボリュームと競合の順位状況をもとに優先度を定義します。

キーワード分析後のコンテンツづくり

キーワードとコンテンツテーマが確定してから、ランディングページ（LP）作成のためのワイヤーフレームを定義し、効果的なタイトルや見出し、コンバージョンの導線を考慮した全体の構成を決めていきます。その後、外部の制作会社と連携して、ページのクリエイティブ制作と、ブログ記事やホワイトペーパーなどのコンテンツの執筆を行っていきます。キーワード分析からワイヤーフレームの決定までが1～2か月程度、その後の制作フェーズで、2～3か月程度の工数がかかります（図9）。

図8 キーワード分析から要件定義までのフロー

・車両保険関連のコンテンツの場合

キーワード分析 → 検索意図分析 → 要件定義

キーワード	検索VOL	順位
車両保険	22,200	17
車両保険とは	260	20
車両保険意味	50	-
車両保険不要	170	23
車両保険必要性	390	25
車両保険必要	1,000	26
車両保険選び方	20	21
車両保険新車	210	18
車両保険中古車	210	21
車両保険中古	10	21

検索意図
・車両保険の役割と必要性を知りたい ・車両保険をセットするか否かの判断基準を知りたい
・車両保険を選ぶ際の注意点を知りたい ・保険会社ごとに車両保険の補償内容に違いがあるのかを知りたい
・新車を購入した場合の車両保険のメリットを知りたい ・新車を購入した際に車両保険をセットすべきかの判断基準を知りたい
・中古車を購入した場合の車両保険のメリットを知りたい ・中古車を購入した際に車両保険をセットすべきかの判断基準を知りたい

優先度	構成要件
高	【競合同質化要素】 ―車両保険の概要の解説 └補償の対象 └補償範囲（タイプごとの解説） ※表組みによる表現が必要 └保険金額の仕組み ※図版による表現が必要 ―車両保険の必要性の解説 └ケーススタディ └車両保険を使う際の注意点 【競合差別化要素】 ―チェックリスト ―保険料比較

①競合劣位または競合も手をつけていないキーワードを抽出

②抽出したキーワードを検索意図によってグルーピング・整理
③各キーワードの上位表示ページを目視確認し、検索意図を分析

④検索意図をもとにページ数を確定
⑤キーワードで検索して表示されるWebページの分析結果をもとに、コンテンツの構成要件を定義
⑥検索VOLと競合の順位状況をもとに優先度を定義

図9 コンテンツ制作のフロー

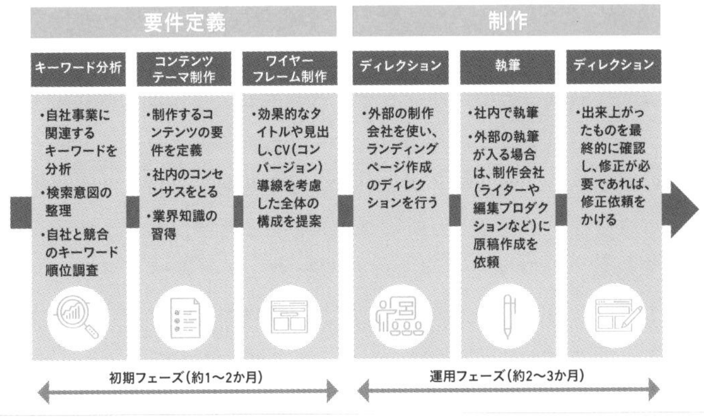

要件定義			制作		
キーワード分析	コンテンツテーマ制作	ワイヤーフレーム制作	ディレクション	執筆	ディレクション
・自社事業に関連するキーワードを分析 ・検索意図の整理 ・自社と競合のキーワード順位調査	・制作するコンテンツの要件を定義 ・社内のコンセンサスをとる ・業界知識の習得	・効果的なタイトルや見出し、CV（コンバージョン）導線を考慮した全体の構成を提案	・外部の制作会社を使い、ランディングページ作成のディレクションを行う	・社内で執筆 ・外部の執筆が入る場合は、制作会社（ライターや編集プロダクションなど）に原稿作成を依頼	・出来上がったものを最終的に確認し、修正が必要であれば、修正依頼をかける

初期フェーズ（約1〜2か月）　運用フェーズ（約2〜3か月）

※CV：コンバージョンの略で、問い合わせ・資料請求・申込などの成約（成果）につながること

CHAPTER 3

No. 05 ［集客方法］

デジタル広告やSEOでリード件数を増やす

オンラインで新規リードを増やしていく主なやり方は、デジタル広告を活用して流入数を増やす場合と、検索エンジンを活用して流入数を増やす場合（SEO）の2つです（図10）。

広告vs SEO

広告に関しては、検索エンジン最適化（SEO）と比較するため、デジタル広告（検索連動型広告）でメリット・デメリットを見ていきます。まず、広告のメリットは、仕込んでから検索エンジンの上位に表示されるまでの期間が短いことと、Webページの修正が不要なことです。デメリットとしては、やり続けている間は費用が発生し続けることと、CTR（Clock Through Rate：広告やサイトのクリック率）が低くなりやすいことです。**ファネルで見ると、広告施策は認知段階から有効です**（図11）。

SEOのメリットとしては、費用がかかりますが、一度上位に表示されるようになるとアルゴリズムが変更するまで出続けることになるので、それ以降の費用はかかりません。また、自由度が高いのでCTRが高くなりやすいです。デメリットは、上位表示されるまでに早くても数か月かかることです。また、Googleの検索エンジンから評価されるようにサイトの見直し（内部施策）をする必要があります。ファネルで見ると、興味関心が高まった段階でユーザーがキーワードを打ち込むため、**SEOは認知段階ではなく、興味・関心フェーズや比較・検討フェーズでサイトの見直しをするほうが有効です。**

図10 デジタル広告とSEOの比較

	デジタル広告	SEO
上位表示（効果）	上位表示が早い	上位表示に時間がかかる
サイト修正	サイト修正が不要	サイト修正が必要
費用	費用が発生し続ける	上位表示された後の費用は不要
CTR	CTRが低くなりやすい	CTRが高くなりやすい

図11 ファネルから見るデジタル広告とSEO

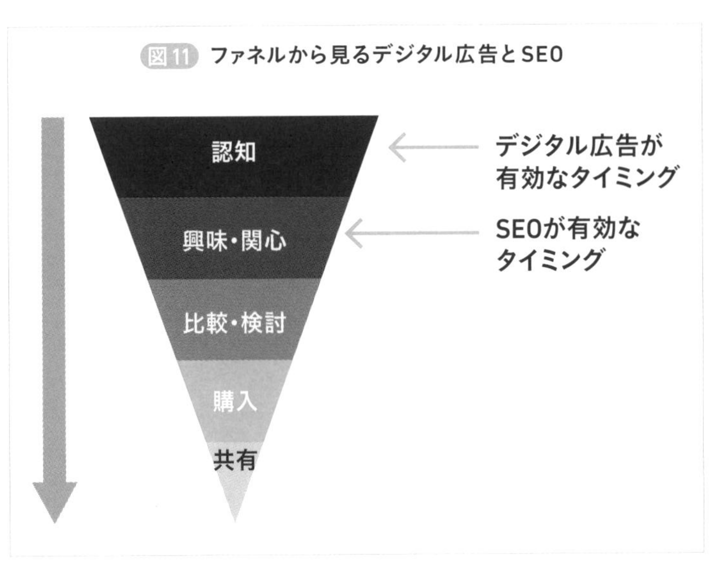

No.
06 ［システム導入］MAを導入する

MAの導入にあたり、初期フェーズでやるべきことと、運用フェーズでやるべきことを整理します（図12）。

MA導入前にすべきこと

初期フェーズでやるべきことは、**まずは、MA関連の情報収集（RFI：Request for Information）**です。大手ツールベンダーが定期的に開催しているセミナーに参加したり、ネット上でも様々な情報が発信されているので、必要な情報を収集したりしていきます。

また、**ツールの選定に入る前に、MAで実現したいことを提案依頼書（RFP：Request for Proposal）としてまとめておきます。**例えば、すでに導入している他システム（名刺管理システムやCRMなど）との連携方法や、求めている機能などをまとめていきます。

情報の整理ができてから、ツールベンダーを招き、MAの選定をしていきます。7章で詳しく整理しますが、通常、提案からクロージングまではツールベンダーが対応します。しかし、実際の設計や実装はシステム開発会社が対応することになるので、システム開発会社がどこまで対応してくれるのかなども把握する必要があります。

ツールベンダーとシステム開発会社が決まった後は、設計・実装のフェーズに入っていきます。マーケティング部門も対応することになりますが、テクノロジー領域になるので、情報システム部門に対応してもらうほうがスムーズかと思います。

図12 MAの初期フェーズですべきこと

初期フェーズ

やるべきこと	・情報収集(RFI) ・要件定義(RFP) ・ツールベンダーの選定 ・システム開発会社の選定 ・設計・実装
対応部門	・主に情報システム部門

提案依頼書(RFP)をまとめるポイント

- □ 背景:MA導入を行うことになった背景
- □ 課題:デジタルマーケティングの推進上の課題
- □ プロジェクトの目的:プロジェクトの目的などの情報
- □ 対象範囲:システム導入の範囲(システムや調達機器、保守など)の情報
- □ システム構成:現行の社内システムの情報
- □ 提案システム概要
- □ プロジェクト(スケジュール/体制図/プロジェクトマネジメント方法/進め方)
- □ 運用保守内容
- □ サービスレベル
- □ 納品物一覧
- □ ドキュメントサンプル
- □ 概算費用
- □ 制約事項
- □ 導入事例
- □ 契約内容

MAの運用はコミュニケーション重視

運用フェーズに入ると、実際のコミュニケーションの設計・運用が重要になってきます（図13）。

まず、シナリオ設計を行う必要があります。例えば、問い合わせや資料ダウンロードがあった見込み顧客（新規リード）に対して、自動返信メールを行うなど、よくあるシナリオを準備しておきます。

また、リード登録された見込み顧客が、サイト内でどのようなアクションを起こしているのかすべてトラッキングできるようになるので、**すべての顧客のアクションに対してスコアを設定しておきます。**設定したスコアがしきい値を超えた見込み顧客を抜き出し、個別にインサイドセールスをかけたり、個別にメール配信を行ったりして、関係値を深める取り組みを推進していきます。

顧客分析に関しては、**MAに登録された新規リードが一定数を超えてきてから、顧客の傾向値を把握するために分析をかけていきます。**すでに取引のある既存顧客と新規の見込み顧客を比較してみるのも有効です。

MAの機能に関しては、かなり多機能になってきているので、運用フェーズのスタート段階では、すべてを使いこなすのは難しいかもしれません。まずは、必要最低限の機能に絞って、コミュニケーション運用のPDCAを回せる体制をつくっていくことが重要です。また、リードジェネレーションとリードナーチャリング双方をマーケティング部門で担うのが理想的ではありますが、初期段階では、すべてをやり切るのは難しいです。営業部門が推進している取り組みと連携をとりながら、徐々に部門間での役割を明確化していきましょう。

図13 運用フェーズですべきこと

運用フェーズ

やるべきこと	・シナリオ設計 ・メール配信 ・スコアリング設定 ・顧客分析 など
対応部門	・主にマーケティング部門

シナリオ設計の考え方

Who 誰に対して	・ホワイトペーパーをダウンロードしたユーザーに対して ・メールを開封したユーザーに対して
When どのタイミングで	・資料ダウンロード直後に ・メール開封後、2週間以内に
What どんな情報を	・さらに詳しい製品情報を ・資料やサイトのURLを
How どのように	・メールで送る ・郵送で送る

No.
07 ［リードナーチャリング］潜在顧客は、MAを活用してリードナーチャリングを行う

MAを活用してリードナーチャリングを行う場合、**主な打ち手は、シナリオ設計にもとづくメール配信と、電話によるインサイドセールス**です。ここでは、シナリオ設計にもとづくメール配信にフォーカスして見ていきたいと思います。

シナリオ設計例

シナリオ設計とは、見込み顧客のステイタスに応じて、想定される対応方法を事前に設定することです（図14）。よくあるシナリオ例は、問い合わせやホワイトペーパーなどの資料ダウンロードがあったときの対応メール、無料トライアルの申込があったユーザーに対するステップ（引き上げ）メール、セミナー申込メールと参加後のお礼メールなどです。「MA　シナリオ例」などのワードで検索すると、様々なシナリオ例がでてきます。また、最近ではツールベンダーが、シナリオ例をホワイトペーパーにして配布していたりもするので、いちからつくりこむのではなく、ある程度、汎用的なシナリオ例を入手してアレンジしていくと導入しやすいです。

メール配信後、実際にどれぐらいの企業がメールを開封してくれたのかや、テキスト内のURLをクリックしてくれたのかを、MA側で把握できるので、企業の反応率も見ながら、スコアリングデータがしきい値を超えている企業に対しては、インサイドセールスの担当者から、電話でフォローアップし、必要であれば、営業が顧客訪問するなど、連携していく必要があります（図15）。

図14 シナリオにもとづくリードナーチャリング

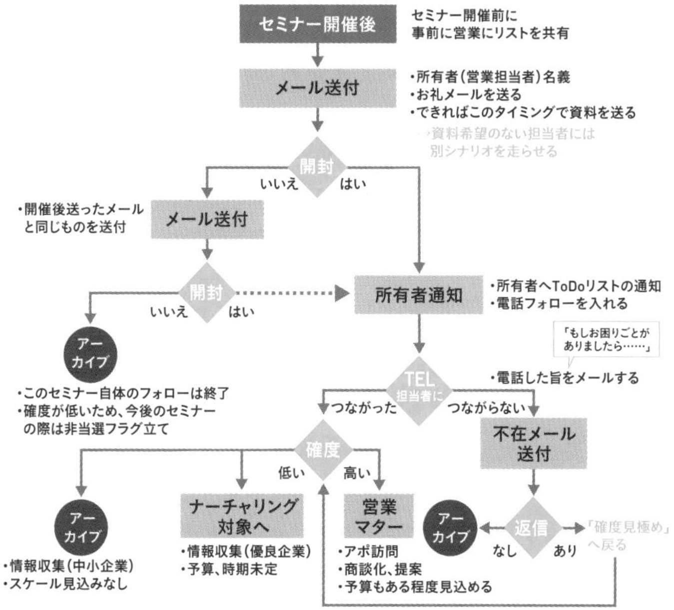

セミナー開催後
セミナー開催前に
事前に営業にリストを共有

メール送付
・所有者（営業担当者）名義
・お礼メールを送る
・できればこのタイミングで資料を送る
→資料希望のない担当者には
別シナリオを走らせる

開封
いいえ
はい

メール送付
・開催後送ったメール
と同じものを送付

開封
いいえ
はい

所有者通知
・所有者へToDoリストの通知
・電話フォローを入れる

アーカイブ
・このセミナー自体のフォローは終了
・確度が低いため、今後のセミナー
の際は非当選フラグ立て

「もしお困りごとが
ありましたら……」
・電話した旨をメールする

TEL
担当者に
つながった
つながらない

不在メール
送付

確度
低い
高い

アーカイブ
・情報収集（中小企業）
・スケール見込みなし

ナーチャリング
対象へ
・情報収集（優良企業）
・予算、時期未定

営業
マター
・アポ訪問
・商談化、提案
・予算もある程度見込める

アーカイブ
返信
なし
あり
「確度見極め」
へ戻る

図15 メール配信と開封率

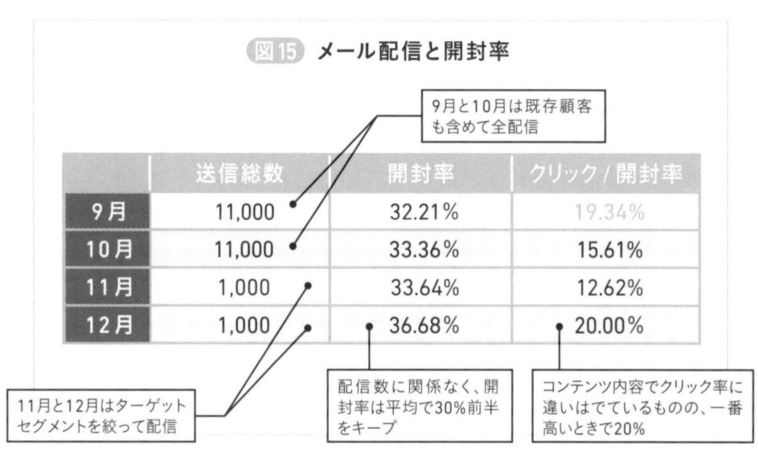

	送信総数	開封率	クリック／開封率
9月	11,000	32.21%	19.34%
10月	11,000	33.36%	15.61%
11月	1,000	33.64%	12.62%
12月	1,000	36.68%	20.00%

9月と10月は既存顧客
も含めて全配信

11月と12月はターゲット
セグメントを絞って配信

配信数に関係なく、開
封率は平均で30％前半
をキープ

コンテンツ内容でクリック率に
違いはでているものの、一番
高いときで20％

No. 08
〔リードナーチャリング〕
ユーザーのアクションに点数をつける

日々の営業活動で獲得した名刺や、オンラインから問い合わせのあった新規リードは、すべてMAのデータベースに登録されていきます。登録された段階では、まだ、興味・関心が低かった新規リードに、メールを配信したり、セミナーに参加してもらったりすることでホットリード化させ、営業部門にリードを引き渡せる状態まで引き上げていきます。

ホットリード化していく動きを可視化するために、MA側で事前に行う作業が、ユーザーのアクションに点数をつけることです（スコアリング）。例えば、フォームに登録したら50ポイント、メールを開封したら10ポイントなど、それぞれのアクションに点数をつけていきます（図16）。

点数をつけることのメリット

点数をつけることの最大のメリットは、見込み顧客のステイタスを数字で確認できることです。点数が低い場合は、自社のサービスに興味がないか、まだ導入の検討を始めていないといえるかもしれません。一方で、点数が急激に伸び始めている場合は、該当するサービスに興味があるか、何らかの検討をしている可能性が高いです。

インサイドセールスとの連携でいうと、点数がある一定基準（しきい値）を超えた場合は、電話でフォローを入れるようルールを決めておきます。**しきい値を決めておけば、無駄な電話でのフォローもなくなり、見込み顧客側も支援側もお互いストレスを感じることはなくなります**（図17）。

図16 スコアリングルール例

アクション項目（一例）	ポイント
フォームハンドラー登録	50
フォーム登録	50
カスタムリダイレクトのクリック	3
サイト検索クエリ	3
トラッカーリンクのクリック	3
ビジターのセッション	3
ファイルアクセス	3
ページビュー	1
メールの開封	10
作成された商談	50
ソーシャルメッセージリンクのクリック	5
招待されたWebセミナー	10
正常ランディングページ	50
登録したWebセミナー	30

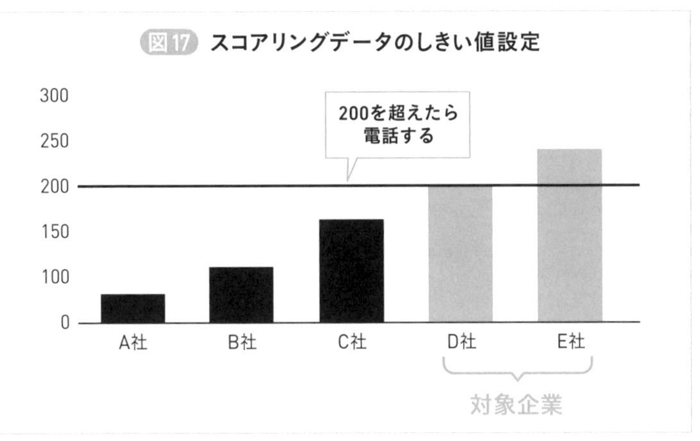

No. 09

［リードナーチャリング］

ユーザーの行動履歴をチェックする

MAにリードとして登録されている見込み顧客が、メールを読んだり、サイト内のコンテンツを見たり、ホワイトペーパーをダウンロードしたりすると、**すべての行動はMA内に行動履歴（ログ）としてスコアリングされ、記録されていきます。**

通常のアナログ的な営業では、営業担当者が異動や退職をした場合、情報をうまく引き継いでいないと、過去のやりとりが全くわからなくなってしまい、改めて見込み顧客にヒアリングを行う必要がでてきます。

一方で、MAに行動履歴が記載されていると、アクティビティ（行動）の変遷を見れば、過去のやりとりから、**見込み顧客がどのようなことに興味があったのか、簡単に把握することができます。**

顧客の行動を分析して優良顧客を見つける

図18では、リードとして登録された見込み顧客が、2020年2月から3月の間にどのようなアクティビティをとったかを行動履歴として把握することができます。このユーザーは、2月にブログを閲覧して資料ダウンロードを行った後、3月にセミナー案内のメルマガを閲覧して、実際にセミナーに参加していることがわかります。

このように、見込み顧客であったとしても、MA上にリードとして登録されていれば、セミナー参加のオフラインの動きも含め、すべての行動を把握することができます。この中でスコアリングがしきい値を超えた見込み顧客を絞り込み、インサイドセールスなどの動きにつなげていきます。

図18 見込み顧客の行動履歴をチェックする

アクティビティ(行動)	日時	スコア
ブログを閲覧する	2020/2/10 10:30	5
資料ダウンロードをする	2020/2/10 11:00	30
メルマガを閲覧する	2020/3/1 15:30	5
セミナーページを閲覧する	2020/3/1 15:45	30
セミナーを申し込む(フォーム登録)	2020/3/1 16:00	50
セミナーに参加する	2020/3/15 13:00	100
	合計	220

見込み顧客(個人)がサイト内でどのようなアクティビティ(行動)をとったか把握できる

それぞれのアクティビティは、スコアで点数づけされる

CHAPTER 3

No.
10
［インサイドセールス］

関心度が高まっている顧客にインサイドセールスをかける

リードクオリフィケーション（リードの絞り込み）では、設定したしきい値を超える数値をだしている見込み顧客に対しては、インサイドセールスをかけていきます。

インサイドセールスとテレアポの違い

インサイドセールスとテレアポの違いをよく聞かれます。最大の違いは、インサイドセールスが、MAに登録された新規リードに電話をするのに対して、テレアポは、何の接点もない企業に対して、代表番号に電話します（図19）。

MAに登録された新規リードの場合、担当者に直接電話をしてニーズを聞き出したとしても、それほど嫌がられません。それは、すでに接点がある顧客を対象としていること、また、スコアリング状況を見て、しきい値を超えた企業のみにアプローチしているからです。

一方で、テレアポの場合、代表番号からコンタクトをとっているため、アプローチすべき担当者までたどり着けない、仮にたどり着けたとしても、会話が成立しないこともしばしばあります。

電話をするという行為自体は同じでも、インサイドセールスとテレアポでは、その後の成約率も含めると、全くもって「似て非なるもの」です。

アポイントメント率は、企業の知名度や商材の売りやすさによる違いはありますが、一般的に100社アプローチして、インサイドセールスで10件アポイントメントがとれるのに対して、テレアポの場合は1～2件程度です。成約率は、さらに2～3倍程度の開きがあります。

図19 インサイドセールスとテレアポの違い

	インサイドセールス	テレアポ
対象顧客	MAに登録されている新規リード	MAに登録されていない企業
基準	スコアリング状況を見て、しきい値を超えた企業のみにアプローチ	業種/業界で整理したアプローチリストや、過去のイベントなどで名刺交換した企業にアプローチ（つまり、顧客側のニーズや課題の有無に関わらずアプローチ）
対応部門	リードナーチャリングを実施しているマーケティング部門	フィールドセールス（営業担当者）
成約率	スコアリングデータより、反応率が高まっていることがわかるので、商談化しやすい	闇雲にアプローチしているので、アポイントメントがとれたとしても、商談化しづらい
ヒアリング項目	・**予算（Budget）** →どれぐらいの予算を想定しているか ・**決裁権者（Authority）** →誰が決裁権を持つ意思決定者か ・**ニーズ（Needs）** →資料請求やサイトを訪問した背景や経緯など ・**導入時期（Time frame）** →社内で稟議を上げる時期など	・アポイントをとることがメインで、予算、決裁権者、ニーズ、導入時期などはなかなか聞きだせない

No. 11

［営業プロセス］

ホットリードを短期で成約につなげる方法

営業プロセスと顧客のステイタス

図20は、情報発信からクロージングまでの営業プロセスに、顧客のステイタス（検討状況）をマッピングしたものになります。

一般的に、問い合わせ段階では、潜在的なニーズや課題は把握できてはいるものの、実際に検討段階に入るのはだいぶ先になりそうなリードが大半です。割合でいえば、**問い合わせ段階では9割ぐらいが潜在顧客**になります。このようなステイタスにある新規の見込み顧客に対しては、リードナーチャリングを行うことで、じっくりニーズを顕在化させていく必要があります。

一方で、問い合わせ段階から、お客様内部での検討がある程度進んでいて、提案段階の一歩手前ぐらいのステイタスにあるリード（ホットリード）も存在します。商品やサービスによっても違いがありますが、割合でいえば、1割ぐらいが顕在顧客になります。BtoBマーケティングを本格的に着手し始めて、**短期的に成果をだしていくためには、ホットリードをマーケティング部門と営業部門が連携して提案・クロージングしていく**必要があります。

営業部門側でも、マーケティング部門側から供給される新規リードが、どのレベルまでニーズが顕在化していると提案・クロージングにつながるのかをチェックしておきます。それを定期的にマーケティング部門側にフィードバックしていくと、リードの質に共通の認識ができあがり、お互い無駄な動きが減っていきます。

図20 営業プロセスと顧客のステイタス

顧客のステイタス

営業プロセス	内容	顧客のステイタス	対応
情報発信	・専用サイトの立ち上げ ・ブログ記事/ホワイトペーパーによる情報発信（プル型）	認知	マーケティングチームによるデジタルマーケティング施策（仕組み化で対応）
問い合わせ	・ニーズ/課題が顕在化した企業が、Google検索やデジタル広告などから問い合わせ		
ニーズ/課題把握	・MAを活用した定期メール配信や、セミナーの定期開催 ・インサイドセールスによるニーズ/課題把握	興味・関心	
提案	・ニーズ/課題が顕在した企業のみ提案	比較検討	顕在化した企業（ホットリード）のみ営業担当者が対応
クロージング	・受注に向けたクロージング	購入	

No. 12 〔MA運用〕

MAを運用レベルで使いこなせるようにする

実際にMAを導入し、本格的にリードジェネレーションとリードナーチャリングを実施して成果が出始めるようになるまでには、日々のMA運用業務が大切です（図21）。

リードジェネレーションの運用業務

リードジェネレーションでは、日次レベルでは問い合わせのあった新規リードへのメール対応や電話対応などがあります。週次レベルでは、ブログ記事やホワイトペーパーなどコンテンツマーケティングの更新作業があります。また、月次レベルでは、新規リードの獲得状況の把握や、問い合わせがあった企業の顧客分析と営業へのフィードバックなど、業務全体のPDCAの改善を定期的に行っていきます。

リードナーチャリングの運用業務

リードナーチャリングに関しては、週次レベルでは、シナリオ設計にもとづくメール配信が業務として発生します。初めは、対象顧客を絞り込まず、月2回程度のメール配信をし、業務が習得できてから、対象セグメントのステイタスに応じて、メール配信の内容を変えていけば効果も高まります。例えば、A商品を購入した企業がB商品も購入しているという傾向が把握できれば、A商品を購入している企業のみに、B商品に関するコンテンツを配信することができます。月次レベルでは、新規リードのスコアリング状況の把握や、既存顧客に対するセミナーの案内、定期的なインサイドセールスなどが業務として発生します。

すべての機能を使わなくてもOK

MAは今も進化を続けており、機能は増えています。いきなりすべての機能を使った計画は立てづらいので、まずは自社にあった基本の運用体系を構築するところからスタートするのがよいと思います。例えば、社内の人的リソースが少ない場合、問い合わせがあった新規リードに対して、**シナリオ設計にもとづくメールの自動配信を複数用意しておく**ことで、業務を効率化することが可能です。その他、リードジェネレーションを目的として作成した**ブログ記事を再編集して、リードナーチャリング用のメール配信コンテンツにする**ことも効果的です。情報発信とそれに連動したシナリオが確実に動作していることを確認しながら運用を続け、成果を求めていけば、豊富な機能をどのように使うべきか、自社にとって最適な方法が構築できるでしょう。

図21 MAを運用レベルで使いこなす

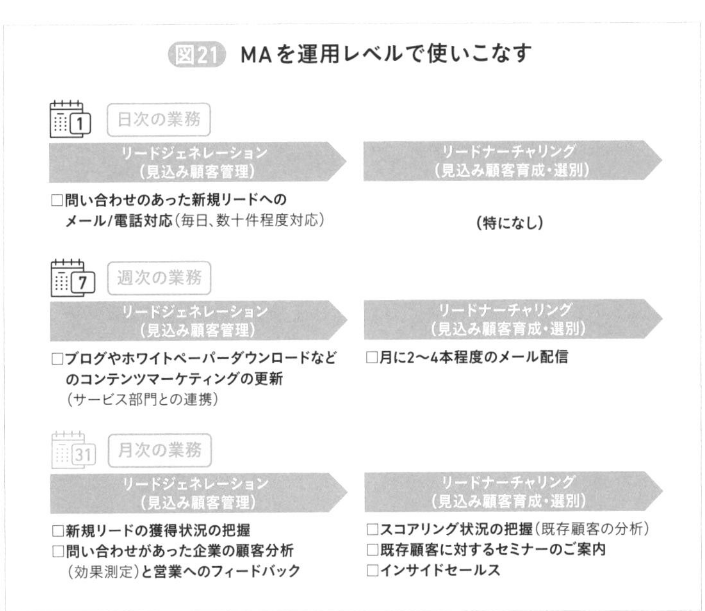

No. 13

［コンテンツ運用］

継続的にコンテンツ配信ができる体制を整える

BtoBマーケティングを推進していくときの一番のボトルネックは、コンテンツ配信です。継続的に行うための体制を整える必要があります（図22）。

マーケティング部門による情報発信

まず、どういう情報を発信していくかを決める必要があります。マーケティング部門が中心となり、**四半期から半期単位で、コンテンツマーケティングの企画立案を行い、編集方針を決めていく**ことが多いです。具体的には、ターゲット（ペルソナ像）に最適化されたキーワードから、コンテンツ方針を明確化した上で、コンテンツマップ（図23）を作成し、スケジュールを策定し、計画的に執筆を行う体制をつくっていくことが重要です。

サービス部門によるコンテンツネタ提供

実際のネタ元になるコンテンツの制作は、商品・サービスの企画開発を行っているサービス部門が担当します。社内だけで制作すると、読み物にならないことが多いので、外部事業者（コンテンツ制作会社）と連携して進めていくほうが安心です。

SEOを意識しながら、信頼度の高い良質のコンテンツを継続的に情報発信することで、リード獲得は確実に増えていきます。BtoB企業の専門的な内容の場合、大量の記事を執筆することは難しいので、**月に4、5本をまずは半年続けることを目標にする**ことをおすすめします。MAのレポート機能を使うと状況を把握しやすいです。

図22 継続的にコンテンツを配信する体制づくり

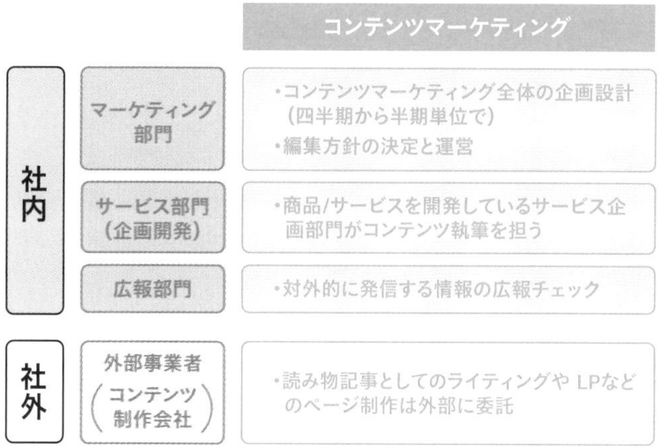

		コンテンツマーケティング
社内	マーケティング部門	・コンテンツマーケティング全体の企画設計（四半期から半期単位で） ・編集方針の決定と運営
	サービス部門（企画開発）	・商品/サービスを開発しているサービス企画部門がコンテンツ執筆を担う
	広報部門	・対外的に発信する情報の広報チェック
社外	外部事業者（コンテンツ制作会社）	・読み物記事としてのライティングや LPなどのページ制作は外部に委託

CHAPTER 3

図23 コンテンツマップ例

ID	カスタマージャーニー	検索意図（満たすべきニーズ）	対象キーワード	検索ボリューム	順位	タイトル案	情報構成要件	順位
001	自覚フェーズ	「クリニック開業のノウハウが知りたい」 「クリニック開業の情報を集めたい」 「クリニック開業の開業資金を調達したい」	クリニック 開業	400	1	クリニック開業時に押さえておきたい3つのポイントをご紹介	1）クリニック開業で注意すべき3つのポイント ・クリニック経営者としての準備 ・クリニック設備と想定資金 ・開業する立地条件 2）一般的な開業までのスケジュール ・スケジュールのフォーマット ・収支のフォーマット 3）開業時に関わるパートナー企業 ・経営者として ・医療関係として	クリニック経営
			クリニック 開業 失敗	100	2			
			クリニック 開業 コンサルタント	100	3			
			クリニック 開業 資金	80	4			
			クリニック開業 セミナー	0	5			
			クリニック 経営	200	6			

広報部門には社外向けの業務と社内向けの業務がある

広報部門の役割は、大きく分けて社外向けの業務と社内向けの業務の2つに区分することができます（図24）。

社外向けは、さらに広報業務とマーケティング業務に区分できます。広報業務は、IR対応、コーポレートサイトの企画・運営、プレスリリースやブログ記事・ホワイトペーパーなど対外的に情報発信するものに関しての内容チェックです。マーケティング業務は、イベント・カンファレンスへの出展、定期セミナーの開催、社外からの問い合わせ対応やメール配信などになります。

社内向けは、社内報の企画・配信や、全社キックオフなどの社内イベントの企画運営なども行う場合があります。

中小企業の場合、広報部専属の担当者がいなかったり、いたとしても1～2名程度だったりします。大企業の場合でも、4～5名程度で業務を回していることが多いので、**少ない人数で、かなりのボリュームの仕事をさばいていく必要があります。**

対外的に発信するコンテンツへの対応

BtoBマーケティングを推進していく上で、**一番重要になるのが、対外的に発信するコンテンツの内容精査**です。コンテンツの内容次第で、新規リードの獲得につながる場合もあれば、そうでない場合もあるからです。BtoB企業であっても、間違った情報を発信するとTwitterやFacebookなどのSNSに書き込まれて炎上することもあります。まずは、間違った情報をださないために、広報部が内容をきちんと精査することと、情報発信した後も、継続的に内容を観察していくことが重要です。

図24 広報部門の社内と社外の業務

社外		社内
広報	マーケティング	広報

社外／広報

IR対応
（上場会社の場合）

・IR情報の配信

プレスリリース

・リリース作成
・リリース配信
・掲載フォロー

ブログ記事・
ホワイトペーパー作成

・執筆者との内容すり合わせ
・初稿確認・原稿修正
・テスト環境確認
・記事アップ

社外／マーケティング

イベント・カンファレンス・
セミナー

・運営／事前準備
・集客
・実施後のフォロー

問い合わせ対応

・電話／メール対応
・営業部門との連携

メール配信

・コンテンツ作成
・配信設定
・配信先精査
・配信

社内／広報

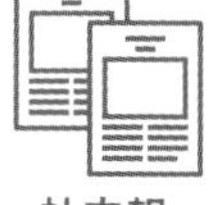

社内報

・社内報の作成・配信

社内イベント

・全社キックオフなど

No.
14 ［施策運用］取り組み施策を定期的に見直す

● 月次レベルでPDCAを回す

取り組み施策を定期的に見直すときの評価指標を整理します（図25）。

まず、KPIの評価指標で注目するのは新規リード数とリードのステイタスです。リードジェネレーション施策でどれぐらいの新規リード数を獲得できたのか、また、メール配信やインサイドセールスなどのリードナーチャリング施策で、どれぐらいリードの質を高められたのかを月次レベルで把握していきます。最終的にはBtoBマーケティング施策が受注件数にどれぐらい結びついたのかを見ていく必要がありますが、スタート段階ではそれほど重視する必要はありません。

その他の施策として、**サービスサイト、コンテンツ、SEOの3つに関しても評価指標を設定**してPDCAを回していきます。サービスサイトでいえば、どれぐらいの人がサービスサイトに来訪しているのか、また、滞在時間や回遊率などもチェックして、定期的に見直しをかけます。コンテンツに関しては、最低でも年間50本程度のブログ記事をアップしていく必要があるため、四半期単位で編集方針を定め、月次の取り組みに落とします。また、通常の問い合わせだけでなく、ホワイトペーパーのダウンロード数などもホットリード化する可能性が高いので月次単位でダウンロード数をチェックします。SEOに関しては、設定したキーワードが検索エンジンでどれぐらいの順位で推移しているのか、こちらも月次単位でチェックしていきます（図26）。

図25 取り組み施策のチェックポイント

切り口	評価指標	改善・見直しポイント
KPI（数値目標）	• 新規リード数（問い合わせ数） • リードのステイタス（スコアリング） • 受注件数	•KPIとしては、新規リード数や、スコアリングデータにもとづくリードの質などをチェックし、最終的に受注にどれぐらい貢献しているか、月次で把握する
サービスサイト	• サイト来訪者数 • 滞在時間や回遊率	• サービスサイトにどれぐらいのユーザーが来訪しているかPV/UU（ページビュー/ユニークユーザー数）をチェックし、サイト内の回遊状況を把握する
コンテンツ	• 内容（編集方針） • ダウンロード数 • アクセス数	• 四半期単位で、コンテンツの編集方針を策定し、次の四半期でどのようなコンテンツを執筆するか確認する • また、ホワイトペーパーのダウンロード数や、ブログ記事個別のアクセス状況を把握する
SEO	• 順位	• それぞれのキーワードが検索エンジンの順位でどのレベルにあるのか、定期的に見直しをかける

図26 SEO効果検証を目的とした順位定期計測

順位レポート：毎週の順位推移、流入推移をグラフ化し、その推移から考察や課題を提示するレポート

順位シェア・ファインダビリティ	2018								
	4/4	4/11	4/18	4/25	5/2	5/9	5/16	5/23	5/30
ファインダビリティスコア	6,297	6,301	6,434	6,353	6,570	6,648	6,663	6,537	7,148
ファインダビリティシェア	61.7%	61.8%	63.1%	62.3%	64.4%	65.2%	65.3%	64.1%	70.1%
1-10位以内数	49%	53%	56%	56%	58%	61%	62%	54%	70%
11-20位以内数	36%	31%	28%	28%	29%	24%	24%	32%	20%
21-30位以内数	4%	4%	6%	4%	3%	5%	2%	6%	2%
31-100位以内数	11%	11%	10%	12%	11%	10%	11%	8%	8%
101位圏外	0%	0%	0%	0%	0%	0%	0%	0%	0%
総キーワード数	340								

順位状況：ファインダビリティスコア：推移

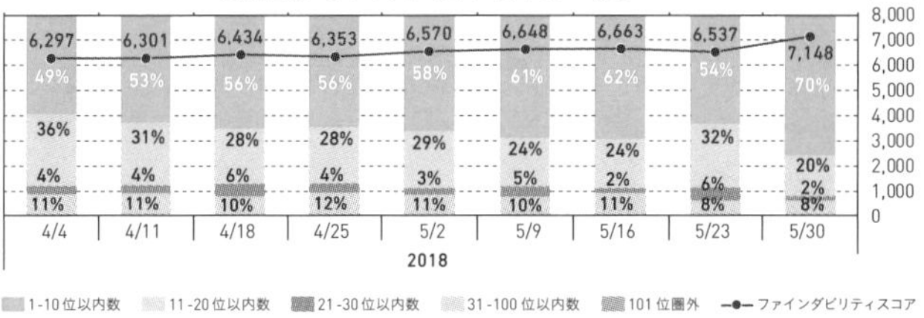

COLUMN　セールステックのカオスマップ

カオスマップとは？

デジタルマーケティング業界では、広告（アド）に関連するテクノロジーをまとめたアドテクのカオスマップ（図27）や、マーケティングに関連するテクノロジーをまとめたマーテックのカオスマップというものが存在します。掲載されているプロダクトだけでも数百社におよびます。カオスマップ

図27　アドテクのカオスマップ

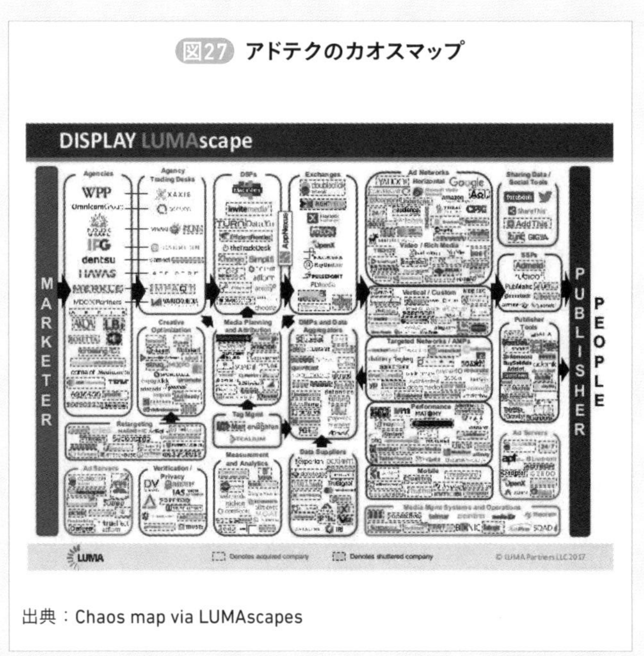

出典：Chaos map via LUMAscapes

のよいところは、それぞれのプロダクトがどのように位置づけられるか、市場全体を俯瞰して理解できることです。

セールステックのカオスマップとは？

同様にセールス領域に特化したテクノロジーをまとめたセールステックのカオスマップというものが存在します。カオスマップがつくられる背景には、プロダクトが一定数を超えると、何が何だかわからなくなるため、カオスマップで理解促進を図ろうという狙いがあります。そういう意味で、セールス領域も、かなりの数のベンダーとプロダクトが出現していることが理解できます。

図28のカオスマップは、日経クロストレンドとマツリカ（東京・品川）で共同制作したもので、日経クロストレンドの12月の記事より引用しています。

どのように分類されているか

横軸は、「見込み顧客の発掘」「商談機会の創出」「契約」「アップセル/クロスセル」「顧客のロイヤル化」の5つの軸で整理されています。初めの2つがリードジェネレーションやリードナーチャリングに対応し、残りの3つが受注後の対応に関連しています。縦軸は、「データ管理」「営業効率化」「組織・人材育成」の3つのカテゴリに分類されています。さらに細かく見ていくと、全部で18個のカテゴリに分類されていて、掲載されているプロダクト数は約100個になります。実際、本書で紹介しているツール類は、MAやCRMなどが中心なので、4～5つぐらいのカテゴリのものしか紹介できていません。

ツールを選定するときに活用しよう

　ツールを検討する場合、このカオスマップを活用して絞り込みを行い、選定していくのが便利だと思います。おそらく、2～3年後は、記載されるプロダクト数は倍増していくでしょう。

図28　セールステックのカオスマップ

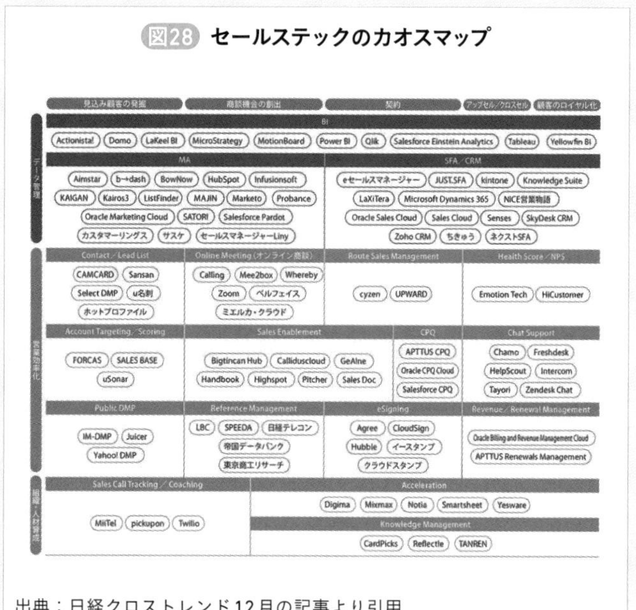

出典：日経クロストレンド12月の記事より引用
こちらのカオスマップは、日経クロストレンドとマツリカ（東京・品川）で共同制作したもの

CHAPTER

4

無駄なく最適な顧客にリーチする方法

No.
01

〔データ分析〕

外部データを活用しよう

マクロ的に顧客を分析する

MAやCRMを導入すると、問い合わせ件数や、見込み顧客の関心ごとの高さなどはスコアリングデータから把握できます。これはこれで便利なのですが、あくまで見込み顧客個人の状況が把握できているだけです。マクロ的な観点から、**見込み顧客や既存顧客の業種・業態や、売上高、資本金などは、MAやCRM単体機能では把握することができません。**

例えばFORCASという企業データ分析ツールは、問い合わせのあった新規リードや、すでに商取引が開始されている既存顧客に関して、様々な切り口から顧客を分析することが可能です。

FORCASの活用方法

例えば、既存顧客のデータをFORCAS側にインポートすれば、独自のテクノロジーで顧客データの傾向を分析し、成約率の高いターゲットリストを自動生成してくれます（図1）。

また、MAやCRMに登録されている顧客に関して、会社名とメールアドレスのドメインをキーにして検索をかけて、企業の属性情報やスコアを取得することが可能です。昨今、流行している企業アカウント単位でマーケティング施策を実行していくABM（Account Based Marketing）の実行を強力にサポートするツールとして有益です（図2）。

図1 顧客の傾向を分析してターゲット企業を自動抽出

独自のテクノロジーで既存顧客と類似度の高い潜在顧客を自動抽出

STEP 1
既存顧客のデータをFORCASにインポート

STEP 2
独自のテクノロジーで顧客データの傾向を分析

STEP 3
成約確度の高いターゲットリストを自動作成

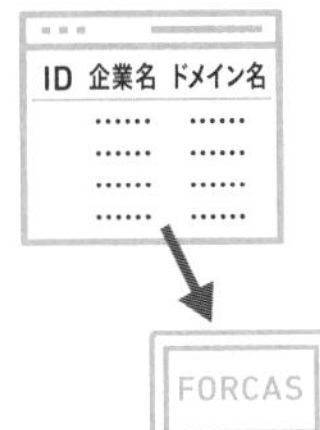

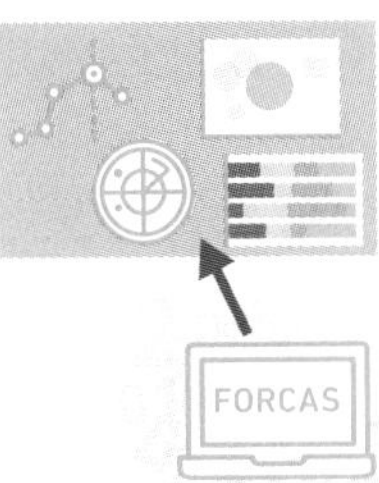

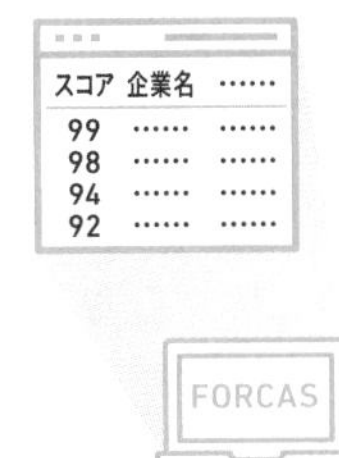

出典：FORCAS紹介資料（2020年4月20日時点）をもとに作成

図2 MA/SFA×FORCASを連携させることでABMを加速

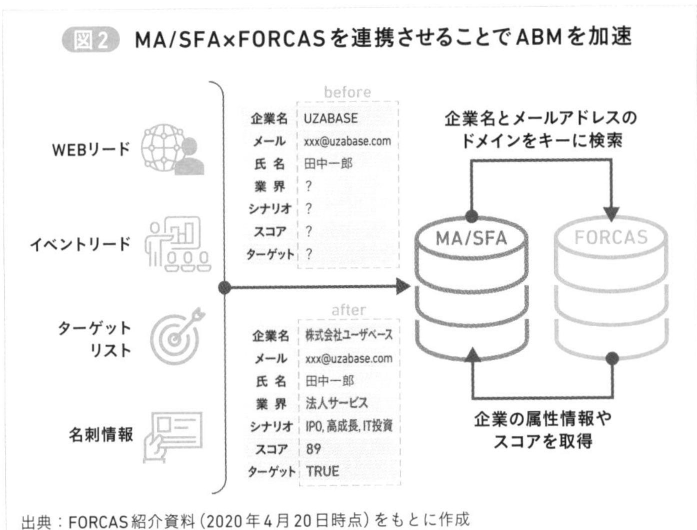

出典：FORCAS紹介資料（2020年4月20日時点）をもとに作成

様々なデータを集約

BtoCマーケティングを推進していくときには、3rdパーティデータとしてパブリックDMPを活用したオーディエンスの属性分析を行います。3rdパーティデータとは、様々なデータソースから収集された外部データのことをいいます。同様に、BtoBマーケティングを推進していくときにも、**法人向けの3rdパーティデータを有効活用していくことが、効率的・効果的に営業をしていく上で重要**になります（図3）。

例えば、FORCASは約140万社の企業情報が登録されているので、中小・中堅以上の企業であれば企業分析を行うことが可能です。また、約560業界にもおよぶ企業分析データを業界区分ごとに閲覧できたり、企業の業績や課題などを約230種類に分けたシナリオに紐づけているので、それぞれの企業の特徴を把握できたりします。MAやCRMを導入している場合、これらのデータをMAやCRM側にエクスポートして見ることも可能です。

ツール導入状況の把握

もう1つ便利な機能は、企業のオウンドメディア（コーポレートサイトやサービスサイト）に登録されているタグ情報をクローリング（ネット上を巡回）して、各社の利用サービスをチェックできることです。例えば、MAやチャット、eコマース系ツールやCMSなど、約1,100種類のツールを把握することが可能です。導入しているツールの状況から、各社のシステム導入状況が把握できるので、営業訪問時に効果的なコミュニケーションを行うことが可能になります。

FORCASのような3rdパーティデータにもとづく企業分析ツールを効果的に活用することで、より戦略的な営業アプローチをしていきましょう。

図3 BtoBマーケティングで活用できるデータ

●企業データベース（FORCASの場合）

1	2	3	4
企業情報	業界区分	シナリオ	利用サービス
約140万社	約560業界	約230種類	約1,100種類

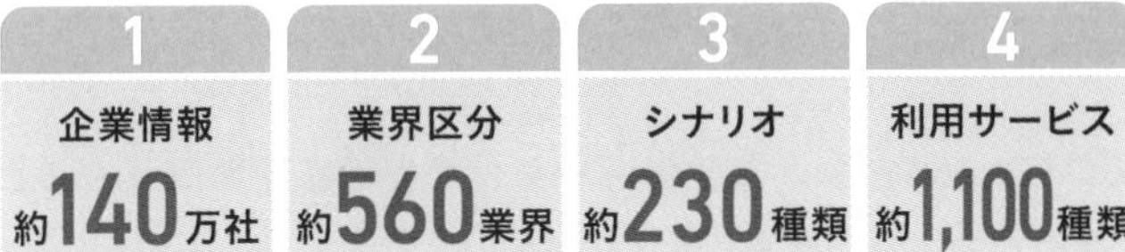

出典：FORCAS紹介資料（2020年4月20日時点）をもとに作成

データ種別	定義	具体例
クライアントデータ 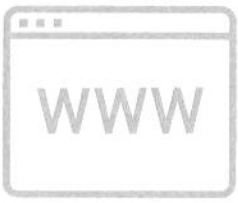	自ら集めることのできる事業主の自社データ 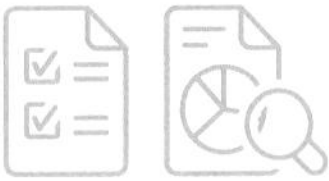	・サイト訪問データ ・見込み顧客データ 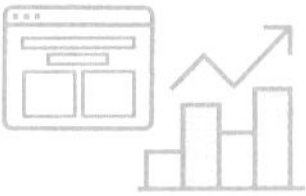

自社データのことを1stパーティデータと呼ぶ

データ種別	定義	具体例
パブリックDMPデータ 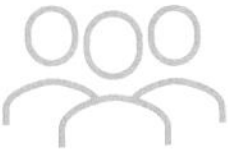	様々なデータソースから収集された外部データ	・属性（性、年代、年収） ・地域（勤務地、居城地） ・興味関心 ・キーワードや類似拡張
企業データ 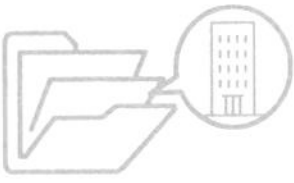	特定の他社より入手できる外部データ	・企業属性データ ・業種データ ・従業員規模データ ・売上規模データ

外部データのことを3rdパーティデータと呼ぶ

No. 02 [データ分析]

外部データと自社データの連携

次にFORCASのような外部データと既存顧客や商品などの自社データをどのように連携していくかを、具体的に見ていきましょう。

図4はMAやCRMのデータをFORCASのデータに連携するときのイメージ図になります。ネットやイベントで獲得したリード、名刺情報などがPardotに登録されます。また、既存顧客はSalesforceのCRMシステムに登録されています。それらの登録されたリード情報をFORCASのデータと連携することで、企業データを分析することができます。

いろいろな切り口で分析できるデータをつくる

図5は、さらに詳しく、商品マスターデータ、顧客マスターデータ、営業マスターデータと、外部の企業データを、何をキーにしてデータ連携しているかを整理したイメージ図です。

例えば、商品マスターからは商品カテゴリを、顧客マスターからは顧客IDと企業正式名称を、また営業マスターからは顧客IDと商品カテゴリを抽出し、それらを外部データの企業正式名称と連携させます。結果、商品カテゴリ、顧客ID、企業正式名称の3つをキーにした分析のためのマスターデータをつくることができます。

分析用のマスターデータは、自社データと外部データが連携されてさらに分析ツールの情報も加わった状態です。このマスターデータを活用して**業種・業界や売上高・資本金などの軸で分析したり、商品別にどの企業の売上が大きいかなどの分析をしたりすることも可能になります。**

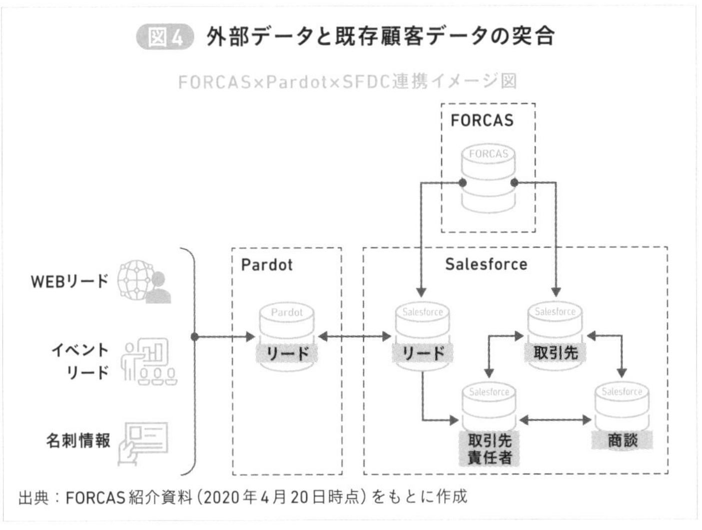
図4 外部データと既存顧客データの突合
FORCAS×Pardot×SFDC連携イメージ図
FORCAS
FORCAS
WEBリード
イベント
リード
名刺情報
Pardot
Pardot
リード
Salesforce
Salesforce
リード
Salesforce
取引先
Salesforce
取引先
責任者
Salesforce
商談
出典：FORCAS紹介資料（2020年4月20日時点）をもとに作成

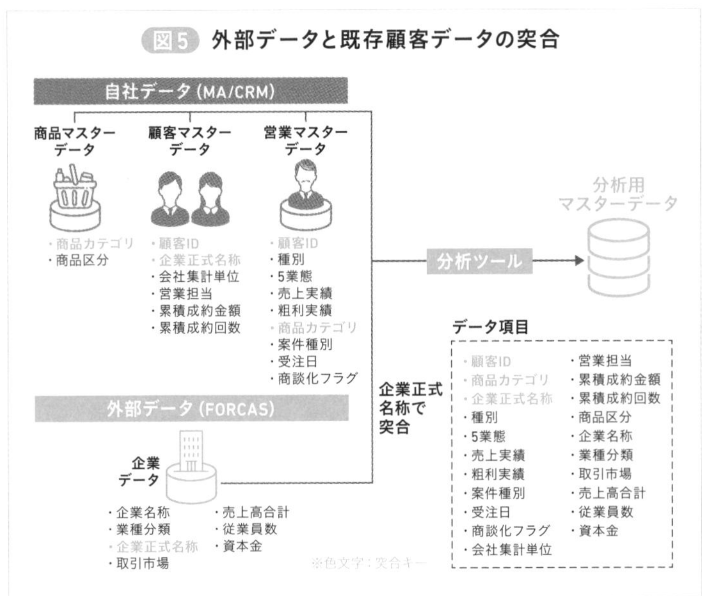
図5 外部データと既存顧客データの突合
自社データ（MA/CRM）
商品マスター
データ
顧客マスター
データ
営業マスター
データ
・商品カテゴリ
・商品区分
・顧客ID
・企業正式名称
・会社集計単位
・営業担当
・累積成約金額
・累積成約回数
・顧客ID
・種別
・5業態
・売上実績
・粗利実績
・商品カテゴリ
・案件種別
・受注日
・商談化フラグ
分析用
マスターデータ
分析ツール
データ項目
・顧客ID
・商品カテゴリ
・企業正式名称
・種別
・5業態
・売上実績
・粗利実績
・案件種別
・受注日
・商談化フラグ
・会社集計単位
・営業担当
・累積成約金額
・累積成約回数
・商品区分
・企業名称
・業種分類
・取引市場
・売上高合計
・従業員数
・資本金
企業正式
名称で
突合
外部データ（FORCAS）
企業
データ
・企業名称
・業種分類
・企業正式名称
・取引市場
・売上高合計
・従業員数
・資本金
※色文字：突合キー

No. 03

〔データ分析〕

4つの切り口で基本的な分析をしてみよう

分析マスターデータができたら、顧客を分析していきます。

最初に押さえたい基本の4つの切り口

図6は顧客を分析するときの、切り口の一例です。**1つ目が、業界・業種の把握です。**MAやCRMに登録された新規の見込み顧客や既存顧客は、どのような業界や業種が多いのかといった傾向値を把握していきます。仮に、製造業やインターネット関連の企業が多いなどの傾向値がでるようならば、それに合わせてコンテンツ内容の見直しや営業アプローチの仕方などの変更が必要になります。**2つ目が、売上高や資本金での顧客の分類です。**収益モデルに依存する部分が大きいかと思いますが、対象となる顧客に関しても、大企業が中心だったり、中小企業が中心だったりと傾向値はでるものです。**3つ目の商材別は、顧客単位で、どんな商材が売れ筋なのかを把握するための分析です。**営業担当者は顧客単位別にはきちんと把握しているものですが、商材別で見たときには、どのような傾向があるのか意外に把握できていないものです。**最後は、時間軸での比較です。**例えば、四半期、半期、通期や、2年間、3年間などの単位を設定して比較します。そうすることで、売れ筋商品や顧客の企業規模の傾向値を見ることができます。

まずは、基本的なところから分析をスタートし、慣れたら自社に問い合わせのあった見込み顧客（新規に獲得したリード）にどのような傾向があるのか、それは既存取引先と比較して、何が同じで何が違うのかなど、様々な角度から分析を試してみましょう。

図6 いろいろな軸で顧客を分析する

分析軸	わかること
業界/業種 業界 業種 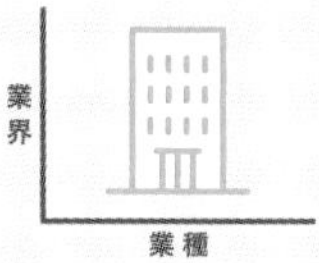	問い合わせをしてきた企業（見込み顧客）がどの業界・業種に属しているか
売上高/資本金 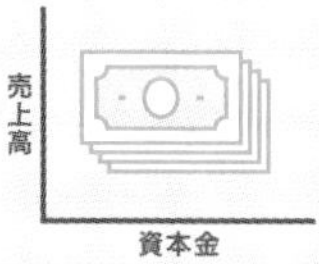 売上高 資本金	問い合わせをしてきた企業（見込み顧客）の売上高や資本金
商材/顧客別  商材 顧客	すでに取引先のある既存顧客ごとに、どのような商材が売れているか
時間軸での比較 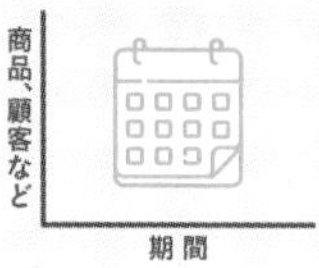 商品、顧客など 期間	月次や年度など、設定した期間ごとの企業規模や売れ筋商品の傾向 例：2018年度と2019年度の新規リードの企業規模（売上高/資本金の分析軸）での比較

CHAPTER 4

No. 04

［データ分析］

業種、売上、資本金で顧客を分析する

業種ごとに分けた顧客の数から傾向を探る

図7は、業種区分で顧客数がどれぐらいいるのかを分析したときのアウトプットイメージです。

実際、商取引が発生している既存顧客の主な業種は、営業担当者も何となく把握できていますが、**見込み顧客に関しては、その傾向値を把握できていないことが多い**かと思います。

例えば、一番問い合わせの多い「広告・情報通信サービス」に該当する既存顧客の実績や成果などを社内で共有し、見込み顧客にメルマガやWeb上で情報発信していくことで効率的に成約率を高めることが可能です。

売上高と資本金で顧客を分類（セグメント化）

既存顧客を分析する場合、何らかの軸で顧客を分類（セグメント化）する必要があります。図8の場合は、資本金と売上高の2軸で、顧客を16のセグメントに分類しています。この図からわかることは、既存顧客の企業規模と取引実績の関係です。売上の8割は上位顧客2割から生み出されているというパレートの法則という考え方があります。この図でも、資本金が大きく売上高が高い企業が、既存顧客数が一番多いことがわかります。

このように顧客をセグメントに分けた後、それぞれの顧客セグメントを深堀りしていくことで、セグメントごとの特徴や傾向などがわかってきます。

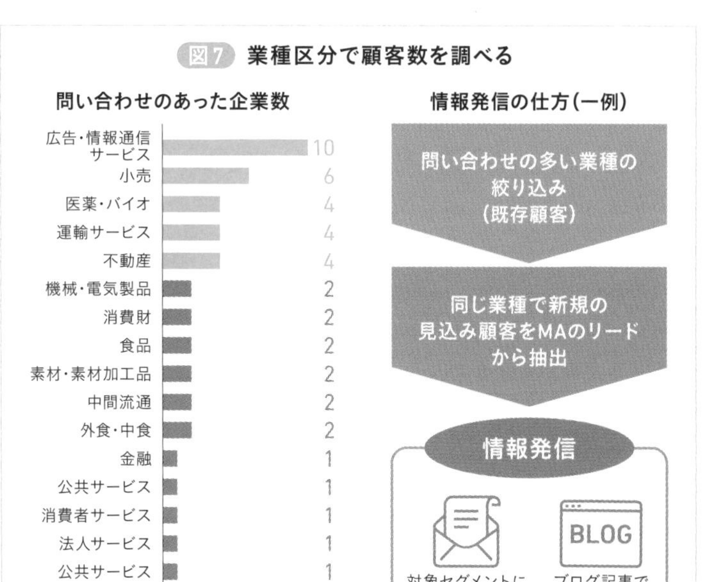

図7 業種区分で顧客数を調べる

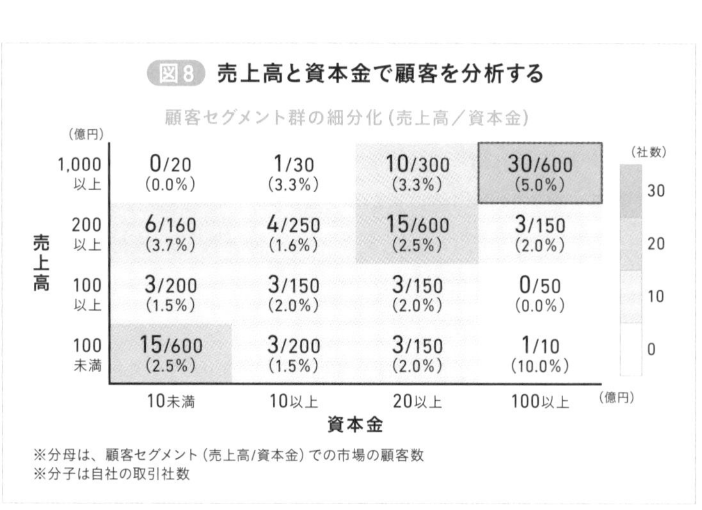

図8 売上高と資本金で顧客を分析する

顧客セグメントごとの市場占有率を分析

図9は、図8の売上高と資本金で16個に分類した顧客セグメントを、市場占有率が高い順番で並べて抜粋したものになります。セグメントPは10%ですが、顧客数が少ないので外しています。16セグメントすべての市場占有率の平均が2.68%で、それを超えているセグメントが、D、E、Cの3つになります。特に売上高と資本金が一番大きいセグメントD（いわゆる大企業）が5%と、全体の中でも、一番市場占有率が高いことがわかります。取引先を増やしていく場合、Dに隣接するGやHなどのセグメントはまだ市場占有率が低いため、取り込む余地は十分にあることがわかります。

顧客セグメントごとの顧客単価を分析

次に、顧客単価上位のセグメントを分析していきます（図10）。全体の平均単価を1億円と設定すると、JとCが、それぞれ約3.7倍、約2.4倍と他のセグメントと比べて大きいことがわかります。図9の市場占有率で見た場合、Jの市場占有率は全体平均の2.68%よりも低く、一方で図10を見ると、顧客単価は3.72億円と高単価です。仮に、Jの市場占有率を現状の2倍程度までもっていくことができれば、収益にも大きく貢献できる可能性があります。逆に、市場占有率が高かったDは、顧客単価では平均値に近い水準のため、こちらも、顧客単価を上げる取り組みを強化すれば、全体のパイはとれているため、収益に貢献してくれる可能性は高まります。

このように、**闇雲に営業するのではなく、企業のデータを分析して対象顧客セグメントとの取り組み状況を把握しましょう**。顧客数を増やしていく取り組みが効果的なのか、顧客単価を上げていく取り組みが効果的なのか、数字にもとづいた議論ができるようになります。

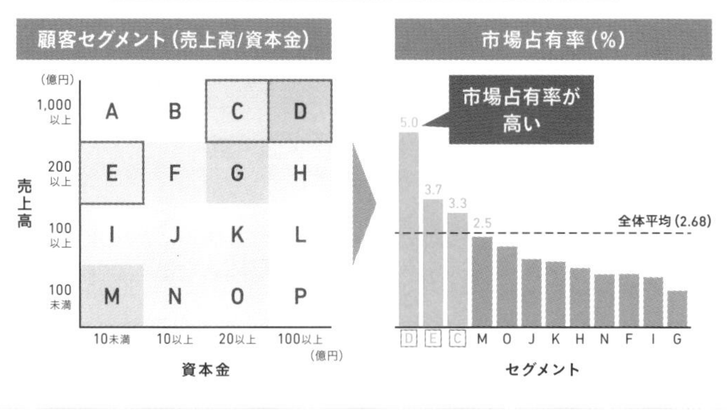
図9 顧客セグメントごとの市場占有率
分析方法
市場占有率を「対象顧客数÷上場企業数」で算出し、
セグメントごとに全体平均と比較する
顧客セグメント（売上高/資本金）
（億円）
1,000以上
200以上
100以上
100未満
売上高
A B C D
E F G H
I J K L
M N O P
10未満 10以上 20以上 100以上
（億円）
資本金
市場占有率（%）
市場占有率が高い
5.0
3.7
3.3
2.5
全体平均（2.68）
D E C M O J K H N F I G
セグメント

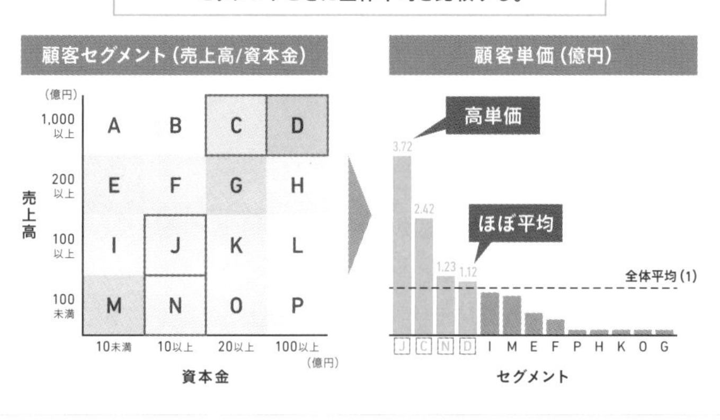
図10 顧客セグメントごとの顧客単価
分析方法
顧客単価を、「売上実績÷対象顧客数」で算出し、
セグメントごとに全体平均と比較する。
顧客セグメント（売上高/資本金）
（億円）
1,000以上
200以上
100以上
100未満
売上高
A B C D
E F G H
I J K L
M N O P
10未満 10以上 20以上 100以上
（億円）
資本金
顧客単価（億円）
高単価
3.72
2.42
ほぼ平均
1.23
1.12
全体平均（1）
J C N D I M E F P H K O G
セグメント

No.
05
［データ分析］
売れ筋の商品軸で企業を分析する

売れ筋商品を把握する

図11は、商品別の導入企業数・商品単価・粗利率を分析したアウトプットイメージになります。

例えば商品Aは、導入企業数が34社で、商品単価は約1,800万円で粗利率が9.5%です。商品Cは、導入企業数が23社で、商品単価は約9,000万円で粗利率が12.2%です。商品Gは、導入企業数が11社と少ないですが、商品単価は450万円で粗利率が50%を超えています。

分析結果を販売に活かす

ここから見えてくることは、この企業の場合、様々な商品単価のものを販売し、粗利率に関しても、商品ごとにバラツキがあるということです。トップラインを伸ばしていくならば、単価の高い商品C・Dの販売に注力していけば売上高を大きく伸ばすことができます。一方で、単価は低いものの、粗利率が高い商品G・Hの販売を強化していけば、利益を大幅に改善していくことが可能になります。

他の分析結果を組み合わせる

前節では業種区分での顧客分析や、売上高と資本金で顧客セグメントを分類し、市場占有率などを分析しましたが、これらのデータと、**商品別の導入状況や商品単価・粗利率を掛け合わせて分析することで、より精緻な顧客分析が可能になります。**

図11 売れ筋の商品軸で導入企業数と商品単価、粗利率を分析する

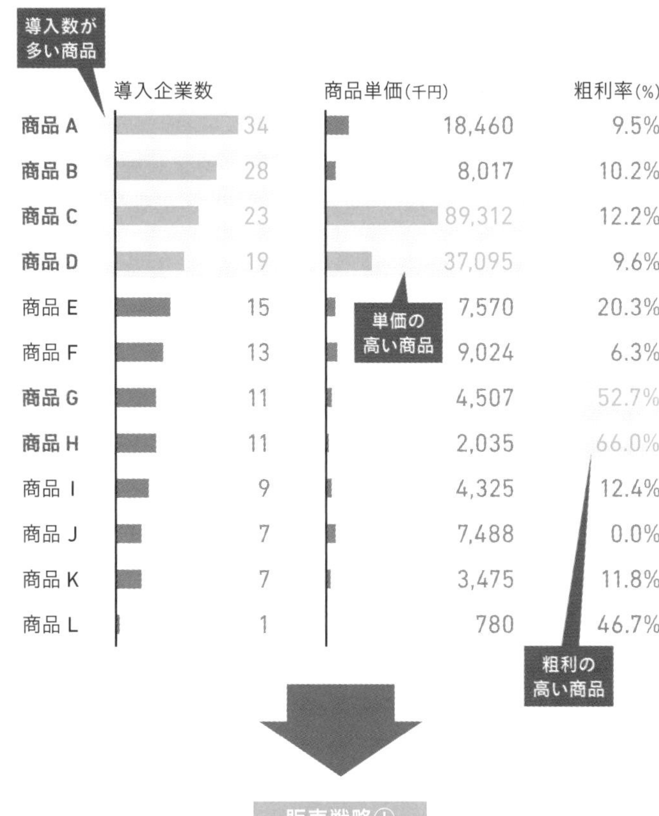

販売戦略①

高単価商品C・Dに力を入れ、売上増を狙う

販売戦略②

低価格だが、粗利率の高い商品G・Hに力を入れ、利益を上げる

No. 06

［コンテンツの立ち上げ］

サービスサイトを立ち上げる

最近のトレンドとして、コーポレートサイトとは別に、商品・サービスに特化したサービスサイトを立ち上げる企業が増えてきています（図12）。

コーポレートサイトの主要な目的は、会社概要や商品・サービス紹介、プレスリリースやIR情報など、ステークホルダーが求める情報を発信していくことです。特に上場企業の場合、IR関連の情報開示が義務づけられているため、サイトに掲載される情報も株主向けのものが多く、商品・サービスを利用する見込み顧客向けの情報は後回しにされがちです。

また、コーポレートサイトは、通常、広報部門が管理していますが、情報発信を強化したいサービス部門からすると、（少ない人数で回しているため）広報部の動きが悪く、独自に情報発信をしていきたいという動きになりがちです。

サービスサイトで新規顧客を捕まえる

そのような背景もあり、デジタルマーケティングを主導する部門が中心となって専用のサービスサイトやランディングページを立ち上げる傾向があります。サービスサイトの主な目的は新規リードを獲得するための情報発信になるため、ブログ記事やホワイトペーパー（ダウンロード資料）などの情報を充実させていく必要があります。また、MAと連携することで、問い合わせがあった情報はすべて、リード管理（1章08節）ができるように裏側の仕組みも整える必要があります。

図12 サイト別の特徴

	コーポレートサイト	サービスサイト	ランディングページ
目的	会社概要や商品紹介、プレスリリース、IR情報など、ステークホルダー全般に対する情報を発信すること	自社が販売している商品・サービスに特化した情報を発信すること	個別商品・サービスに特化した情報を発信すること
メリット	専用サイトも併合することで、コストを削減できる	専用サイトに特化して運用できるので、コーポレートサイトに引っ張られない	コーポレートサイトや専用サイトとは別に、広告施策と連動して推進できる
デメリット	コーポレートサイト内に商品・サービスの情報を盛り込むとコンテンツ運用が面倒	独自にサイトをつくる必要があるので、コストがかかる	別途、コストがかかる

●参考例（デジタル・アドバタイジング・コンソーシアム※の場合）

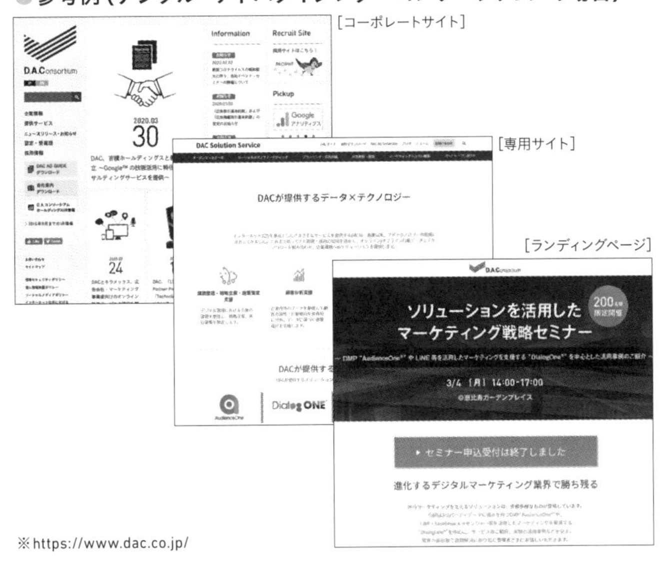

※https://www.dac.co.jp/

No. 07

［コンテンツの充実］

問い合わせ方法を用意する（フォーム/メール/電話）

問い合わせ方法の基本モデル

図13は、サービスサイトの問い合わせ方法の基本的なモデルです。「資料請求」「フォームからのお問い合わせ」「電話でのご相談」の3つの機能が、どのページを開いてもフッター（ページの下の部分）に掲載されています。

一般的に、ブログ記事を読ませてから、資料をダウンロードさせるほうが導線としては適しています。そのため、**フッターにも資料請求を設置することで、新規リードを取りこぼさないことが重要**なのです。

最近はフォームから直接問い合わせる人が圧倒的に多いのですが、電話で相談したい人もいまだに多いため、問い合わせ方法の1つとして入れておくことは効果的です。

いろいろな問い合わせ方法に対応する

上記3つの問い合わせ方法以外にも、ホームページ上にチャットボットや有人チャットを実装して、商品やサービスに関する問い合わせにリアルタイムでサポートする企業もでてきています。コーポレートサイトに直接アクセスしないユーザーもいます。FacebookやTwitterなどのSNS経由や、Googleの検索エンジン経由でアクセスする人が圧倒的に多いため、いろいろな導線からの問い合わせに対応できるよう、サポート体制を整えていく必要があります。

図13 問い合わせ方法を充実させる

どのページを開いても、下部に問い合わせが表示されるようにする

商品・サービスに関することなら
お気軽にご相談ください

資料請求

資料の社内回覧や印刷をご希望の方は、こちらからダウンロードしてください。

フォームからのお問い合わせ

弊社の業務依頼、発注を希望される方はこちらよりご連絡ください。

電話でのご相談

平日10時〜18時のみお問い合わせいただけます。エリアに応じて連絡先を選択ください。
（担当者不在の場合があります）

03-1234-5678

資料ダウンロードの問い合わせ先もつくる

オンラインからの問い合わせや電話にも対応できるようにする（電話番号を記載するのも効果的）

CHAPTER 4

No.
08 ［コンテンツの充実］興味をひくブログ記事を書く

　ブログ記事を充実させることの最大の目的は、新規リードを獲得していくことです。INTRODUCTIONの03節でも述べましたが、BtoB事業取引の60%がオンラインで始まるというデータもあるため、**ネット上で上位に表示させることが非常に重要になってきています。**

検索順位を上げるには?

　図14では、ホワイトペーパーをダウンロードするまでのユーザーの一連の行動を整理しています。企業側としては、検索エンジンで認知を高め、ブログ記事で興味・関心を持ってもらい、ホワイトペーパー（ダウンロード資料）で理解を深めてもらいます。

　私が自社に掲載している3つのブログ記事がどのようなキーワードで検索され、検索順位がどれくらいまで上昇したのか、実際にデータをとってみました（図15）。それぞれのブログ記事からホワイトペーパーをダウンロードできるように設定しているため、毎週10件程度の新規リードを獲得することに貢献しています。

　ブログ記事の内容は、継続的に読まれるノウハウ系コンテンツのほうがリード獲得に貢献します。もしブログ記事を充実させていても新規リードを獲得できない場合は、その記事が検索エンジンに最適化されているのか、ブログ記事から資料のダウンロードができるようになっているか、導線設計を見直しましょう。

　次に、ブログ記事の具体的な書き方について整理します。

図14 ホワイトペーパーをダウンロードするまでのユーザーの行動

認 知	興味・関心	理 解
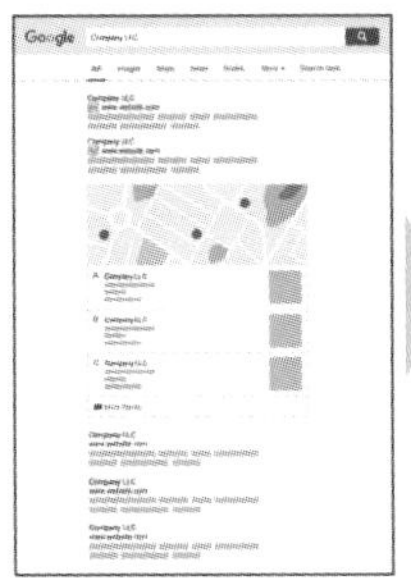	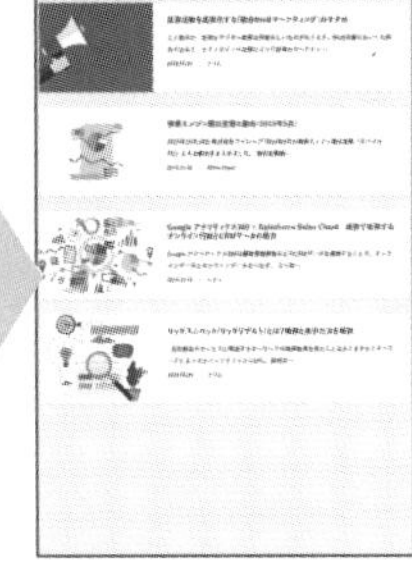	
検索エンジンで上位に露出しているので、クリックする	ブログ記事で興味を持つ	より詳しい情報を求めてホワイトペーパーをダウンロードする

CHAPTER 4

図15 ブログ記事と検索順位の例

No	記事タイトル	キーワード	平均掲載順位
1	デジタルマーケティングを推進する組織に必要な4つの機能とは？	デジタルマーケティング 組織	1.7位
		マーケティング 組織体制	1.7位
		デジタルマーケティング部	2.2位
2	デジタルマーケティングの分析を顧客理解からスタートさせる。	デジタルマーケティング 分析	1位
		デジタルマーケティング データ分析	1.9位
		嗜好性マーケティング	3.1位
3	事業戦略、マーケティング戦略を踏まえて、KGI/KPIを作ってみよう。	ブランディング KPI	8.8位
		事業 KPI	3.9位
		アパレル KPI	9.9位

2020年1月時点の検索順位結果
※ブログは2018年9月にサイトにアップし、その後、1番と2番の記事は、「デジタルマーケティング」＋「分析」や「組織」で検索すると1位・2位を獲得

ブログ記事の書き方

ブログ記事の書き方ですが、**記事タイトル、リード文、本文、サマリー、執筆者プロフィールの5つの構成要素で作成していきます**（図16）。

記事タイトルは35文字を目安とします。内容が伴わないタイトルや意図的にクリックさせるタイトルをつけないことが大切です。

リード文は、このブログ記事で「何について話すか」を200文字以内で記述します。文章が長くなる場合は、リード文の中に目次を入れて、クリックできるようにしてもよいでしょう。

本文に関しては、大見出し・中見出しは簡潔に表現し、最も重要なテーマをキーワードとして含めます。段落を変えるとき以外に改行は使わず、改行はダブルスペースとして空白行を1行設けると読みやすいです。参考文献で外部サイトを載せる場合は、リンクを段落の最後に掲載します。本文の分量ですが、1,200文字以上は執筆しましょう。

サマリーは、記事の要点と結論を1段落で記述してください。

執筆者のプロフィールは、執筆者の名前、読み仮名、部署を書いた上で、プロフィールを100文字～300文字程度でまとめるとよいでしょう。顔写真は載せたほうがブランディング効果もあるかと思います。

文字だけでブログ記事を読ませるのはハードルが高いので、図版や画像を1枚以上使って文章の補足として活用すると、読み手の理解度を上げることができます。

ブログ記事の最後に、ホワイトペーパーをダウンロードできるリンクを設定してください。記事を読んで、興味・関心が高まった見込み顧客からの問い合わせを増やすことにつながります。

図16 ブログ記事の書き方例

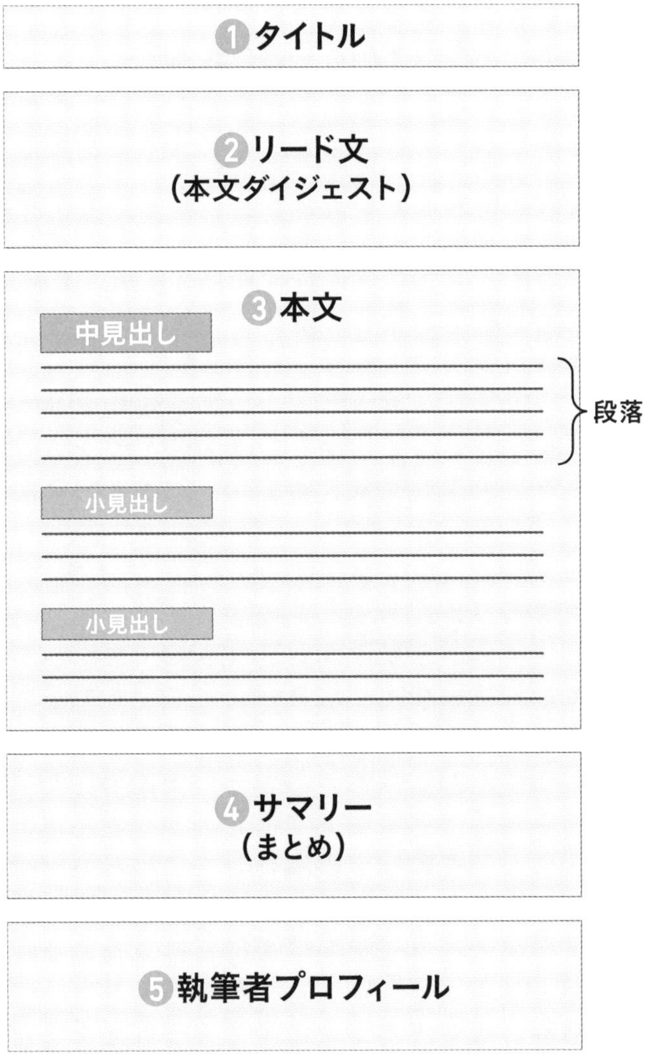

①タイトル

②リード文
（本文ダイジェスト）

③本文

中見出し

段落

小見出し

小見出し

④サマリー
（まとめ）

⑤執筆者プロフィール

CHAPTER 4

No.
09
［コンテンツの充実］
ホワイトペーパーをダウンロードさせる

問い合わせる見込み顧客の心理

見込み顧客が、所属する会社名や自分自身の本名、メールアドレスをフォームに打ち込んでまで、わざわざ問い合わせをしてくるのは、どういう心理状態でのことでしょうか。

大きく分けて2つの心理状態があると思われます。

1つ目が、社内で何らかのプロジェクト（案件や事業）が検討されていて、そのプロジェクトを実現させるため、商品やサービスに関する情報収集をしている状態です。この場合、ネット検索で、偶然ブログ記事を見つけ、そのブログ記事よりも深い情報がホワイトペーパーにまとまっていることから、ダウンロードと引き換えに名刺に該当する情報を登録しようと思うのです（図17）。

2つ目が、社内である程度、プロジェクトの検討は終わっていて、実際にやりたいことを実現できる企業を探している状態です。この場合、顧客が求めているのは情報ではなく提案内容そのもので、商品・サービスの具体的な仕様や価格、スケジュールや支援体制などになります。

ホワイトペーパーは新規リードの獲得において有益な打ち手となりますが、上記で述べたように、見込み顧客はリサーチ段階にいるため、**ブログ記事よりもさらに深い内容でなければホワイトペーパーをダウンロードしようという気持ちになりません**（図18）。また、ダウンロード本数を増やすために、ストックを30～40本程度は絶対数として用意しておきましょう。

図17 資料をダウンロードする2つの顧客心理

プロジェクト（案件、事業）の検討開始

プロジェクト実現のための情報収集

プロジェクトに役立つ情報が欲しい

プロジェクトを実現できる企業、商品を探さなければ……

ブログ記事を見つける

ブログよりも詳しい情報が欲しい

商品の仕様や価格、納品までのスケジュールを知りたい

資料をダウンロード

メールアドレス、本名、会社名と引き換えに（無料の）資料をダウンロード

CHAPTER 4

図18 充実したホワイトペーパーとは？

切り口	詳細
内容	■ **書籍として有料で発売してもよいレベルの情報（eBook）** 見込み顧客が求めているのは「答え（解決策や方法論）」。書籍で発売してもよいレベルの内容が無料で入手できるのならば、ダウンロードしたいという気持ちになる ■ **導入事例（成功事例）** 社内で稟議を上げやすくするために、過去の導入事例（成功事例）をまとめたものは有効 ■ **調査データをまとめたもの** 社内で稟議を上げやすくするために、市場動向や顧客動向などを定量的にとりまとめているリサーチデータも有効
ボリューム	eBookは50〜100ページ程度は必要。導入事例は、ページ数は少なくてもよいが「背景・課題・解決策・成果」の4つの視点で情報が整理されていることが大事。調査データはページ数よりも、意味のある調査データになっているかが重要

No.
10 ［キーワード分析］サーチコンソールを活用してキーワード分析をする

無料サービスのサーチコンソールを使ってみよう

Google Search Console（以下、サーチコンソール）は、Google 検索結果でのサイトの掲載順位を監視・管理・改善するのに役立つGoogle の無料サービスです。サーチコンソールに登録することでサービスを利用することが可能です。

いろいろな機能があるのですが、基本的な機能としてサイト流入キーワードを把握することが可能です。図19の一番左側にある検索クエリ（ユーザーが検索時に入力するキーワード）を見てください。**ユーザーがどのようなキーワードで自社サイトを検索して訪れたかを把握することができます。**それぞれの検索クエリに対して、クリック数、表示回数、クリック率、平均掲載順位が記載されているので、これらの情報をもとにSEOの改善につなげていくことができます。

サーチコンソールは単体でも利用できますが、Googleアナリティクスと連携することも可能です。連携によって、1つのレポートで両方の指標を同時に見ることができます。

流入キーワードをSEOやブログ記事作成に活かす

流入数の多いキーワードを分析し、SEO施策を実施していくとともに、コンテンツマーケティングのブログ記事作成においても、流入キーワードを意識した、ユーザーが求めているコンテンツを作成していきましょう。

図19 サーチコンソールとGoogleアナリティクス

サーチコンソール

サイトへ流入する前の、ユーザーのデータを分析

□ ユーザーがどのようなキーワードで検索してサイトに訪れているのか

□ 自社サイトは検索結果で何番目くらいに表示されているのか

●サーチコンソールの見方

検索クエリ	クリック数	表示回数	クリック率	平均掲載順位
	1,631	308,851	0.53%	43
1. google for jobs	221 (13.55%)	7,108 (2.30%)	3.11%	6.5
2. インタースティシャル広告	75 (4.60%)	491 (0.16%)	15.27%	2.8
3. ディレクトリ型検索エンジン	74 (4.54%)	193 (0.06%)	38.34%	1.1
4. インタースティシャル	68 (4.17%)	575 (0.19%)	11.83%	2.9
5. 検索エンジン ランキング 2018	23 (1.41%)	144 (0.05%)	15.97%	3.7
6. google for jobs とは	20 (1.23%)	94 (0.03%)	21.28%	3.0
7. インスタント検索	19 (1.16%)	91 (0.03%)	20.88%	1.4
8. オートコンプリートとは	19 (1.16%)	865 (0.28%)	2.20%	6.5
9. google for jobsとは	18 (1.10%)	87 (0.03%)	20.69%	3.0
10. needs met	17 (1.04%)	42 (0.01%)	40.48%	1.0
11. キーワードプランナーとは	17 (1.04%)	107 (0.03%)	15.89%	1.0
12. amazon広告	15 (0.92%)	401 (0.13%)	3.74%	8.9
13. knowledge graph	14 (0.86%)	143 (0.05%)	9.79%	2.7

ユーザーがどのようなキーワードでサイトに訪れているかがわかる

キーワードごとに、クリック数、表示回数、クリック率、平均掲載順位がわかる

SEOの改善に活用

Googleアナリティクス

サイトへ流入した後の、ユーザーのデータを分析

□ どのページにどのぐらいのユーザーが流入しているのか

□ サイト内をどのような経路で移動したのか

サイトの改善に活用

CHAPTER 4

No. 11

［アクセス解析］

アクセス解析で課題を見つける

ユーザーはサイトのトップページだけではなく、商品紹介ページやブログ記事など、サイト内でも様々なページからサイトに訪問してきます。広告やSEO、コンテンツマーケティング（ブログ記事）は、オウンドメディア（コーポレートサイトやサービスサイト）への流入数アップには効果的ですが、それだけでは、問い合わせをせずにサイトを閉じてしまった人の理由（離脱の理由）までは把握できません。

アクセス解析を行ってサイトを見直す

そのため、サーチコンソールとあわせてGoogleアナリティクスなどのアクセス解析ツールを活用して、**サイト内のユーザー行動を可視化して課題を見つける必要があります**（図20）。順序的には検索エンジンからのオーガニック（自然）流入や、広告施策での流入数を最大化した後に行います。

例えば、ユーザーがサイトに訪れたものの、短期間で離脱するユーザーが多い場合は、サイト内の滞在時間を高めるためのコンテンツの見直しを図る必要があります。また、商品やサービスを紹介しているページから、ホワイトペーパーがダウンロードできるページまでの導線がないことで、ユーザーが離脱している場合は、導線設計そのものを見直して回遊率を高めていく必要があります。

Googleアナリティクスは無料版でも、高度な機能がたくさんあるので、まずは、基本的な機能を利用してサイト内の改善を図っていきましょう。

図20 ランディングページに応じたユーザーのサイト内行動可視化

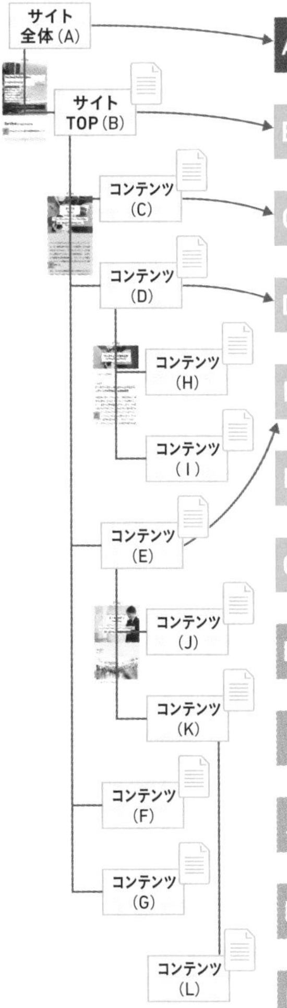

	SS数	入口数	入口シェア	新規率	直帰率	PV/SS	滞在時間
A	622,308						
B		46155	15.00%	80.70%	37.40%	5.1	0:00:37
C		20419	6.60%	30.00%	27.20%	6.47	0:01:10
D		17889	5.80%	50.30%	42.90%	10.32	0:00:51
E		8354	2.70%	90.10%	52.40%	1.51	0:00:47
F		6288	2.00%	61.80%	44.20%	10.28	0:01:07
G		5733	1.90%	72.70%	72.40%	3.79	0:01:49
H		5152	1.70%	65.30%	42.20%	11.06	0:00:34
I		3608	1.20%	45.60%	44.20%	13.76	0:00:55
J		3398	1.10%	78.90%	52.70%	3.68	0:01:05
K		3322	1.10%	65.10%	35.40%	15.67	0:00:37
L		3114	1.00%	85.70%	45.10%	6.94	0:00:35

CHAPTER 4

No. 12

［アクセス解析］

問い合わせの件数を上げる

リードジェネレーションの短期的なゴールは、新規リードの問い合わせ件数を上げていくことです。目標としては、月間200～300件程度の新規リード数をKPIに定めて推進していきます。

サイト内のコンバージョンポイント（成果を得た地点）は、一般的なフォームからの問い合わせと、資料ダウンロードからの問い合わせの2つがあります。**アクセス解析ツールを活用することで、どのページがコンバージョン（新規問い合わせ・申込件数）に寄与しているのかを分析していく**必要があります（図21）。

コンバージョン数（新規リードの獲得数）を上げていくため、流入経路別（チャネル別、施策別）の費用対効果の算出も重要です。

● 最適なチャネルからターゲット顧客を見つける

例えば、Facebook広告よりも、Google広告から流入したユーザーのほうが、求めているターゲット顧客に近く、コンバージョンに至っているという結果であれば、予算の配分を変えるべきです。また、広告よりも、ブログの記事が検索エンジン上位に表示されていて、コンスタントにユーザーがオウンドメディアに流入し、リード件数が多いだけでなく、その後の受注率も高いという結果であれば、コンテンツマーケティングに投資するべきです。

最終的に、各マーケティング施策が、サイト内のコンバージョン数にどれぐらい寄与しているのか、問い合わせ件数のうち、どれぐらいが新規の案件受注に至っているのかを一気通貫で見ていくと、適正な予算配分ができるようになっていきます。

図21 可視化したユーザーのサイト内行動

**ランディングページ訪問やイベント発生※から
離脱/コンバージョンに至るまでにおける
ユーザーのサイト内行動を
Googleアナリティクスによって可視化する**

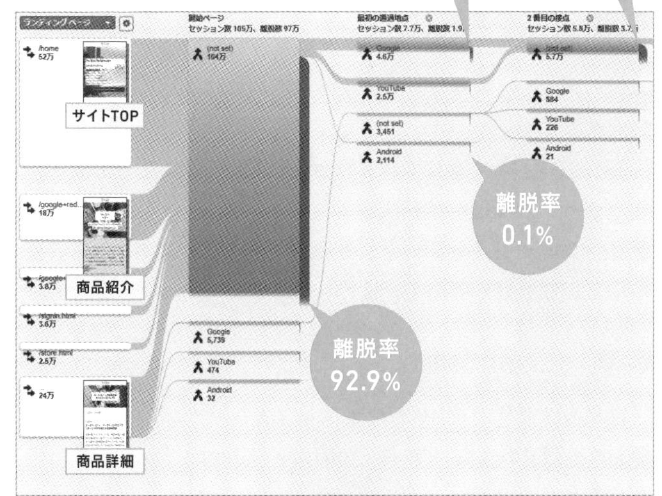

**導線を見直すべきページを具体的に
判断できる**

※ページ遷移以外の行動（ボタンのクリック、ファイルのダウンロードなど）を指す

COLUMN　オファーコンテンツに動画を活用する

5Gを見据えて動画コンテンツを活用する

最近、Facebookなどのソーシャルメディアで動画コンテンツをよく見かけるようになりました。動画の視聴環境や制作環境の変化により、動画コンテンツを導入している企業も増えています。動画プラットフォームであるYouTubeを利用している企業も多いかと思います。

ですが、YouTubeなどの動画配信サービスではリード獲得がスムーズにできなかったり、分析が不十分だったりといった課題があります。

もしそのように感じている場合には動画配信・マーケティングツール「Wistia」がおすすめです。Wistiaは、MA（マーケティングオートメーション）と連携することができ、リード獲得や分析機能が充実しているからです。

Wistiaとは？

Wistiaはクリス・サベージとブレンダン・シュワルツが2006年4月に設立した会社です。YouTubeやVimeo、Dailymotionのような動画配信サービスではなく、企業を対象とした動画のアップロードと、計測ができるマーケティングプラットフォームを提供しています。YouTubeを利用して動画の配信を行っている企業も多い中、Wistiaをおすすめする3つの理由を紹介します。

①誰がどの動画を視聴したのか分析が可能

Wistiaでは、閲覧数といった情報だけでなくヒートマップ（図22）を見ることができ、「いつ、誰が、どの箇所をどれだけ見たのか」がわかります。動画のどの箇所を好んでいるのか、動画の再生時間がどのくらいユーザーエンゲージメントに影響しているか、などを分析することができます。

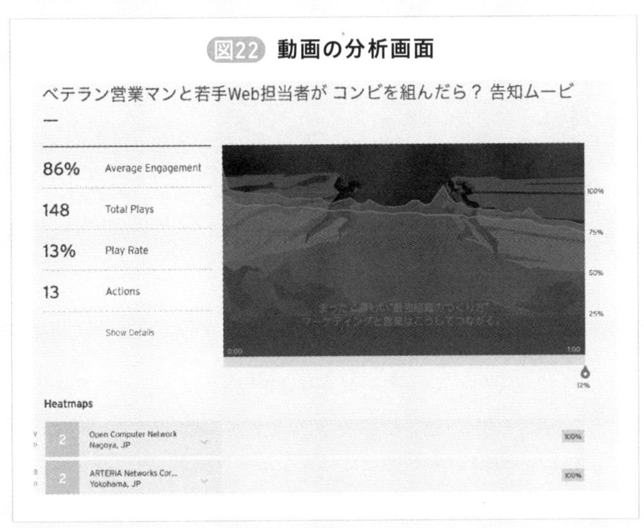

図22 動画の分析画面

②メールアドレスを入力してくれた人だけに動画視聴が可能

Wistiaでは、動画からリード獲得をするオファーとしての機能があります。YouTubeは動画が完全にオープンされた配信方法ですが、Wistiaではユーザーが情報を記入しないと動画閲覧できない設定ができます（図23）。この機能を利用することで、動画閲覧をフックにしたリードの獲得がスムーズにできるのです。

図23 メールアドレス入力画面

③MAツールと連携できる

WistiaはMAツールと簡単にAPI連携を行うことができます。標準で連携できるものとして３つのMA（HubSpot、Pardot、Marketo）と連携可能です。

動画はユーザーの購買行動に大きく影響するコンテンツです。BtoBビジネスにおいても技術動画などは、リードを惹きつける説得材料として大変効果的ですので、ホワイトペーパー（テキスト素材）だけでなく、動画コンテンツもオファーコンテンツの１つに組み込んでみてはいかがでしょうか。

CHAPTER

5

見込み顧客の獲得と育成

01　オフラインとオンラインでのリードの成約率を高める
02　イベントやカンファレンスで大量の名刺を獲得するには？
03　デジタル広告で効率よくアプローチする
04　SNSで情報を拡散させる
05　SEOを施したコンテンツで検索からの流入を増やす
06　メール活用による定期的な情報発信
07　成約の見込み確度が高い企業へのインサイドセールス
08　営業部門への進捗のフィードバック

No.
01 ［リード獲得］オフラインとオンラインでのリードの成約率を高める

新規リードの獲得において、オフラインとオンラインの両面から整理してみたいと思います（図1）。

興味が薄い顧客もいるオフラインリード

オフラインリードとは、日々の営業活動やイベント・カンファレンスへの出展で名刺を獲得した顧客のことです。獲得した名刺は、SansanやEightのような名刺管理データベースに登録し、MAのリードを管理する機能と連携して活用していくことになります。イベントやカンファレンスで獲得した名刺は、ノベルティ目当てや、とりあえず話を聞いてみたレベルのものも数多く含まれているため、ホットリード化させるためには、リードナーチャリング（3章07節）のプロセスを踏まないと、すぐには案件化しない傾向にあります。

購入しそうな顧客が多いオンラインリード

オンラインリードとは、デジタル広告や検索エンジンから流入して、オウンドメディア（コーポレートサイトや専用のサービスサイトなど）に問い合わせがあった顧客のことです。オウンドメディアの問い合わせフォームがMAのリードを管理する機能と連携していれば、（名刺管理データベースと関係なく）MAに新規リードとして登録されます。**オンラインリードの場合は、見込み顧客が自ら問い合わせをしてきているという点で、オフラインリードよりも、確度が高いといえます。**コールドリードよりも、ウォームリードぐらいのレベルから対応していくことになります。

図1 オフラインリードとオンラインリードの比較表

	オフラインリード	オンラインリード
接点	・イベント・カンファレンスへの出展 ・セミナー開催 ・日々の営業活動	・専用サイト/コーポレートサイトへの問い合わせ ・資料ダウンロード ・検索エンジン、広告からの流入
MAのリード登録までの流れ	名刺を取得し、名刺データベースに登録してから新規リードとしてMAに認識され、利用できるようになる **オフラインリードの場合** CEO 名刺 ↓ 登録 名刺管理ツール ↓ 新規リードとして登録 MA	フォームで問い合わせがあった段階で、MAに新規リードとして登録される **オンラインリードの場合** Q オンラインでの問い合わせ ↓ 新規リードとして登録 MA
特徴	イベントやカンファレンスなどは見込み確度が低い人の割合が多く含まれるため、リードナーチャリングのプロセスを踏まないと、ホットリード化しない	オンラインからの問い合わせは、ニーズや課題があるユーザーからの問い合わせが多いので、提案フェーズにすぐに入ることが可能。また、クロージングまでの期間を短縮できる

No. 02

［リード獲得］

イベントやカンファレンスで大量の名刺を獲得するには？

イベントやカンファレンスへの参加目的は、会社全体のブランディング、新商品のお披露目（認知施策）など、様々かと思います。ここでは、イベントやカンファレンスへの出展を、名刺獲得と割り切った場合を想定して、大量に名刺を獲得する方法を整理したいと思います（図2、図3）。

名刺獲得のためにすべきこと

最近のイベントでは、入場時に来場者の名刺登録を行い、バーコードつきの入館証を配布することが増えてきています。これは、企業担当者と来場者が**（リアルな）名刺交換をせずに、バーコードを読み込むことで名刺情報を渡せる仕組み**です。来場した参加者は従来のやり方よりも多くのブースに回れます。ですので、出展者側も、この仕組みを最大限に活用するため、バーコードリーダー（事前に申込が必要）を数台用意しておく必要があります。

また、来場者の方は、名刺情報を渡す見返りとして、ノベルティグッズなどのオファーコンテンツを求めています。ノベルティは、シャープペンやポストイットなど文房具的なもので十分です。

最後に、これらの仕組みを円滑に回すため、プロのコンパニオン（2〜3名）を手配して、大量の名刺を獲得していきます。

イベントが3日間あった場合、上記の仕組みを導入することで、1,000〜1,500枚ぐらいの名刺を獲得することが可能です。**名刺獲得が目的であれば、ブースの大きさはあまり関係ない**ので、1畳から2畳ぐらいのスペースがあれば、十分、目標を達成することができます。

図2 イベント・カンファレンスでの名刺獲得の成功条件

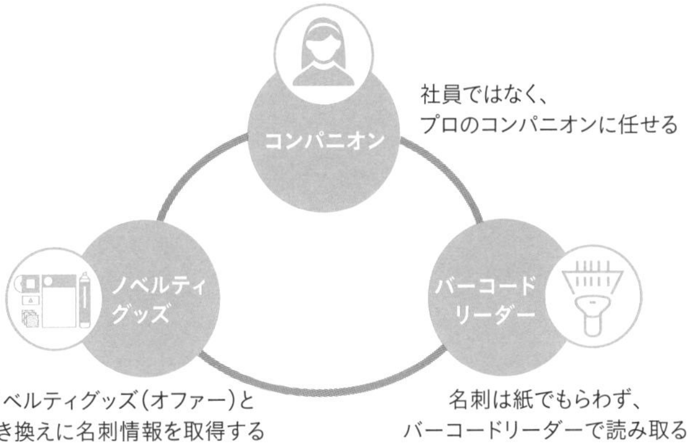

コンパニオン
社員ではなく、
プロのコンパニオンに任せる

ノベルティグッズ
ノベルティグッズ(オファー)と
引き換えに名刺情報を取得する

バーコードリーダー
名刺は紙でもらわず、
バーコードリーダーで読み取る

CHAPTER 5

図3 イベントやカンファレンスを選ぶときのポイント

種類	特徴	活用方法
大規模カンファレンス	東京ビックサイトや幕張メッセなどで開催されるカンファレンス。来場者数も大きいものだと10万人程度。新規リードを獲得するのに向いている。出展費用は100万円〜1,000万円程度(ブースの造作費用で大きく差がでる)	•新規リード(名刺)の獲得に徹する
ベンダー主導のイベント	大手ベンダーが主催するイベント。来場者数は5,000人〜20,000人程度。スポンサーになることで、ブースを設けたり、プレゼン枠が設定可能。スポンサー費用は100〜300万円程度	•継続的にスポンサーをすることでブランディング(認知)効果を高めることも可能 •プロダクトが限定されるのでターゲットが明確
媒体社主催のイベント	媒体社が主催するイベント。来場者数は30,000人〜50,000人。媒体側でのタイアッププロモーションが可能。広告出稿費用は100万円〜300万円程度	•媒体側でのタイアッププロモーションと連動させると効果的

イベント出展と自社セミナー開催の頻度

イベントやカンファレンスへの出展は、（業界にもよりますが）年に2～3回程度で、例えば、4～6月の期間で1回、10～11月の期間で1回といった頻度でされているかと思います。そのときの来場者のステイタスは、コールドリードのレベルにあります。

一方で、**自社で主催するセミナーは、毎月、もしくは2か月に1回程度、50～100名程度を集客して実施**していきます。

定期セミナーを成功させるには？

年に6～12回程度のセミナーを開催する場合、まずは、セミナーの年間計画を立てて、どのようなテーマが集客につながるのか検討するところからスタートしていきます。

セミナーのテーマは限定的にすると、ニーズや課題がある見込み顧客が訪れやすいので効果的です（図4）。特に、**顧客は企業の成功導入事例を求めていることが多い**ので、業界のトレンドや技術の最新動向だけでなく、事例を紹介できると集客効果があります。

集客に関しては、既存顧客もお呼びする場合は、メール配信や営業担当者から告知し、新規顧客に対してはFacebookやLinkedInなどのビジネスパーソンが多いメディアで集客すると効果的です。

セミナーの開催は、午後の時間帯で2時間程度が参加しやすい長さです。セミナー終了後、会社に戻らずにそのまま帰宅できる時間帯からスタートしたほうが参加者は増えます。開催後は必ずアンケートを記載してもらい、評価からセミナー内容を見直し、顧客の取り組み状況やニーズや課題がどこにあるのかを把握しましょう。アンケート結果に関しては、マーケティング部門が営業部門とも共有し、営業がフォローアップ（電話や訪問など）をしていく（図5）という流れです。

図4 定期開催セミナーの位置づけ

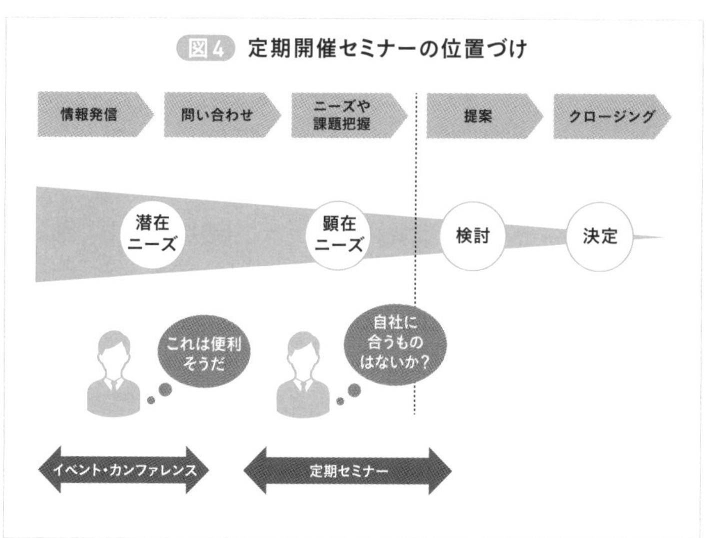

図5 セミナーの運用ポイント

- ●セミナーの年間計画を立て、集客できそうなテーマを検討する
- ●毎月、2か月に一度など、定期開催することが重要
- ●実際に成功している企業の担当者をゲストスピーカーとして呼ぶと集客できる

●既存顧客
- ・既存顧客に対するメール配信
- ・営業担当からの告知

●新規顧客
- ・Facebook や LinkedIn などを活用した新規顧客の集客

- ●午後の時間帯（14時ぐらいからのスタート）で2時間程度のプログラムが参加しやすい
- ●セミナー終了後、アンケートを実施することで、セミナー内容を見直し、顧客のニーズや課題を把握する

- ●アンケート内容にもとづき、ニーズや課題がある企業にのみ営業がフォローアップ(電話や訪問など)を行う

セミナーの定期開催は、通常のメルマガやブログ記事では伝えきれない情報を提供する場として有益。参加企業数を絞り、顧客1社あたりのコミュニケーション密度を高めることで、顧客に深く入り込む。

No. 03 〔リード獲得〕

デジタル広告で効率よくアプローチする

オンライン上でのリード獲得手段として、デジタル広告に関して整理したいと思います。デジタル広告は主に、検索エンジンの検索結果に連動して広告が表示されるサーチ広告と、Webサイトやアプリの広告枠に表示されるディスプレイ広告に分類することができます（図6）。

サーチ広告とディスプレイ広告の比較

サーチ広告の特徴は、検索結果に連動される広告なので、ユーザーが能動的に情報の取捨選択をしている点です。対象となるユーザーは、自分が興味を持っているキーワードで検索しています。**サーチ広告ははっきりした（顕在的な）ニーズがある人にアプローチできます。**一方で、ディスプレイ広告は、Webページを偶然見ていたときに、情報を得ているので、受動的な情報取得になります。ユーザーがちょうど見ているページで、広告枠に興味があればクリックする可能性があるというレベルになります。ですので、**ディスプレイ広告は潜在的なニーズがある人にアプローチをするのに最適です。**

サーチ広告の提供は、検索エンジンを提供している会社になるので、GoogleやYahoo！を活用していくのが一般的です。ディスプレイ広告は、新聞社が提供する広告枠もあれば、SNSが提供する広告枠などがあり、多種多様です（図7）。自社のサービスや商品に最適な広告枠を選び、PDCAを回しながら成果を高めていきましょう。

図6 サーチ広告（検索連動型広告）とディスプレイ広告の違い

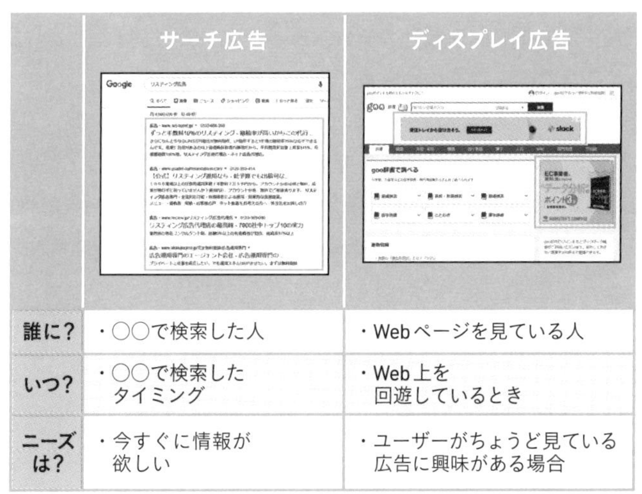

	サーチ広告	ディスプレイ広告
誰に？	・○○で検索した人	・Webページを見ている人
いつ？	・○○で検索したタイミング	・Web上を回遊しているとき
ニーズは？	・今すぐに情報が欲しい	・ユーザーがちょうど見ている広告に興味がある場合

図7 多様なディスプレイ広告の種類

媒体	媒体特性
Yahoo!	ニュース性があり、ユーザーにとって有用で信頼性が高いと思わせる広告
Google	サイズ・フォーマットを網羅して出稿面を確保、どんな配信面でも埋もれさせない
Facebook/Instagram	アイキャッチ力が高いクリエイティブで、目にとまる演出が可能
Twitter	細かなターゲティングに合わせた情報で、フィードに埋もれない演出が可能
LINE	カジュアル性やゲーム性を演出した広告で、親しみやすさを演出可能
YouTube	ビデオコンテンツとして見応えのある全画面・音声あり前提での動画制作が重要
TikTok	強いコンテンツ性とBGMで、アイキャッチ

広告配信設計の流れ

デジタル広告の配信設計の流れ（業務フロー）に関して、具体的にどのようなことを行うのかを見ていきます（図8）。

まず、流れ（業務フロー）は、「施策立案」「設計」「入稿」「運用」の4つのステップを踏んでいきます。**純広告（広告枠を買って掲載する広告）とは違い、運用型広告の場合は、広告配信後の配信面の調整やクリエイティブの差し替えなど、運用業務が非常に重要になります。**

設計・入稿フェーズで気をつけるべきこと

まず、メディアのアカウント開設後、広告効果をトラッキングするためにタグをサイトに設置します。タグは「CVタグ」や「リターゲティングタグ」などの種類があるので目的に合わせて活用します。そして、アカウントを通じて掲載内容をもとにクリエイティブ素材などの入稿を行います。実際の入稿時には設定内容が数万行と大量になることもあるため、管理ツールなどを使って設定します。その後、配信ステイタスをオンにして掲載開始となりますが、入稿内容不備による誤った広告が配信をしてはいけないので、必ず検索してみて問題なく広告表示されているかの目視チェックを行います。

運用フェーズで気をつけるべきこと

広告配信後は、予算ペースで進捗しているかを確認しつつ、成果によっては媒体に支払う金額を見直す入札調整を行うことで成果を最大化していきます。また、成果状況を把握するために、分析したい粒度でのレポート集計を行い、ボトルネックを探って成果向上に向けた対策（施策）を行います。施策実施後は、数値が意図した動きになっているかを確認しつつ、成果状況に応じた入札調整やクリエイティブの最適化などを行っていきます。

図8 デジタル広告配信設計の流れ

施策立案 → 設計 → 入稿 → 運用

設計・入稿フェーズでやるべきこと

アカウント開設	広告を掲載するメディアのアカウントを開設
タグ発行	CVタグの発行（リターゲティングタグも必要に応じて発行）
掲載内容(再)設計	掲載内容を提案段階のものから再検討（再設計）し、クリエイティブ・アカウント構造を設計
素材手配	入稿に必要なバナー素材などを手配
入稿	掲載内容が確定したら媒体に入稿
掲載開始	ステイタスをオンに切り替えて掲載を開始
目視確認	実際に検索して（ページを訪れて）掲載が開始されていることを確認するもしくは管理画面上でIMPの数値が計測されていることを確認

運用フェーズでやるべきこと

 予算管理	設定した予算に対して適切に進捗しているかを確認する
 入札調整	成果状況に応じて予算の配分を変更する
 レポート集計	成果状況を把握するために数値を集計する 例）ターゲティング別、デバイス別、デモグラ別
 レポート分析	集計した粒度をもとに成果向上に向けたボトルネックを探る
施策成果振り返り	実行した施策に対して、数値が意図した動きになっているか確認する。意図した動きになっていない場合は、再度レポート分析に戻る

No.
04
［リード獲得］
SNSで情報を拡散させる

BtoB企業においても、SNSを活用する動きが広がっています。

図9に、企業でよく活用される主要SNSであるTwitter、Instagram、Facebook、LINEをピックアップし、それぞれメディアの特性をまとめました。Twitterには瞬間的な拡散力があり、リアルタイムな情報を発信するのに向いています。Instagramはビジュアルコミュニケーションに向いていて、Facebookは実名性やつながりのリアルさがあり、興味関心に紐づくアルゴリズムに特徴があります。LINEは1to1のコミュニケーションやダイレクトマーケティングに向いています。MAU（Monthly Average Userの略で月間の利用者数）は、LINEが一番多く8,300万人、次にTwitterが4,500万人、Instagramが3,300万人、Facebookが2,600万人と続きます。

BtoB企業と相性がいいSNS広告媒体は？

BtoB企業で一番利用されているのは、Facebook広告です。Facebookの場合、ビジネスパーソンの利用者が多く、ビジネス系の情報を求めている人が多いので、ビジネス向けの広告とは相性がよいのです。

また、企業のビジネスアカウント（Facebookページ）も開設することが可能です。ですので、プレスリリースや商品・サービスの紹介コンテンツをFacebookページにも配信することで広告との相乗効果を高めることができます（図10）。まだFacebookページを開設していない場合は、広告出稿をする前に、ビジネスアカウントを開設して、コンテンツマーケティングから着手してみてください。

図9 ソーシャルメディアの活用方法

	Twitter	Instagram	Facebook	LINE
メディア特性	・瞬間的な拡散力 ・リアルタイムな情報	・テキストベースではなく、画像や動画を使ったコミュニケーション	・実名性 ・つながりのリアルさ ・興味関心に紐づくアルゴリズム	・1to1のコミュニケーション ・ダイレクトマーケティング
MAU	4,500万人※1	3,300万人※2	2,600万人※3	8,300万人※4
男女比率	男 女 48.4%：51.6%	男 女 39.4%：60.0%	男 女 53.9%：46.1%	男 女 53.6%：46.4%
メインユーザー層	10代 3,957 20代 7,308 30代 6,298 40代 7,606 50代 5,717 60代 3,849	10代 3,323 20代 5,362 30代 5,577 40代 5,353 50代 4,088 60代 2,148	10代 1,441 20代 4,441 30代 5,699 40代 6,730 50代 6,082 60代 5,314	10代 4,943 20代 9,495 30代 11,154 40代 13,945 50代 10,928 60代 8,721
ユーザーの求める情報	**暇つぶし** ・ネタ ・アニメ/エンタメ ・趣味関連の情報流し見	**ライフスタイル** ・フード/インテリア/コスメ ・エンタメ ・旅行/おでかけ	**情報収集** ・ビジネス ・友人の近況 ・興味関心ごと/イベント	**コミュニケーションツール情報収集/機能活用** ・お得情報キャッチアップ ・企業サービスの活用
ビジネスでの有効活用度	△	×	◎	△

※1 …Twitter広告媒体資料（2019年）から算出
※2・3…Facebook Media Guide（2019年）から算出
※4 …LINE Business Guide（2020年）から算出

図10 Facebookの広告枠例

No. 05

［リード獲得］

SEOを施したコンテンツで検索からの流入を増やす

図11は、SEOとして狙うべきキーワードを分析した例です。介護関連のキーワードの検索数と、各社の順位を表にしています。

レッドオーシャン化しているキーワード

見てわかるとおり、自社のサイトは、すべてのキーワードで検索外（11位以降）になっています。それに対して、A社やB社はすべてのキーワードで10位以内に入っているため、検索エンジンからの流入数を確保できます。Cは10～20位までに入っているキーワードが多いため、1ページに10件表示される場合、2ページ以降に多く表示されています。D社は、10位以内に入るキーワードと10位以降に表示されるキーワードに分かれてしまっています。

レッドオーシャン化していないキーワード

次に、業務効率化関連のキーワードと検索数を調べてみると、競合サイトも含めて上位表示できていません。こちらに並んでいるキーワードでは、どの企業も50位以降のページに表示されているので、検索結果では6ページ以降で表示されています。

介護関連のキーワードのようにすでにレッドオーシャン化している場合は、競合よりも上位に表示させることは難しいのです。一方で、業務効率化関連のキーワードのように、**競合他社も含めて検索エンジン対策をしていないキーワードの場合は、適切な対策をとれば、短期間で10位以内に表示させることが可能**です。

図11 狙うべきキーワードの判断

主に競合サイトがすでに10位以内を獲得しているキーワードをまとめる

レッドオーシャン化しているキーワード

キーワード	検索数	順位				
		自社	A社	B社	C社	D社
介護 ソフト	2,000	-	5	8	12	25
介護 システム	1,320	-	4	5	11	21
障害福祉 ソフト	420	-	7	2	4	10
デイサービス 業務 効率化	420	-	5	9	6	11
障害者福祉 ソフト	310	-	5	3	1	6
介護事業所 ソフト	310	-	6	10	23	12
デイサービス ソフト	270	-	4	10	18	33
介護 ツール	150	-	5	8	11	6
介護 ソフト 使い方	120	-	9	2	13	7

競合サイトも上位表示できていないキーワード（50位以降の順位、検索結果の6ページ以降）をまとめる

レッドオーシャン化していないキーワード

キーワード	検索数	順位				
		自社	A社	B社	C社	D社
給料 計算	12,100	-	-	-	-	-
給与 計算	9,900	-	-	-	-	-
勤務時間 計算	3,600	-	-	-	-	-
業務 効率化	2,900	-	-	-	-	-
タイムカード 計算	1,000	-	-	-	-	-
食事 記録	880	-	-	-	-	-
業務 自動化	590	-	-	-	-	-
医療 アプリ	480	-	-	-	-	-
コミュニケーション トレーニング	480	-	-	-	-	-

No. 06 〔リード育成〕

メール活用による定期的な情報発信

リードナーチャリングで、見込み顧客を育成していく場合、定期的にメール配信を行っていく必要があります（図12）。

理想をいえば、既存顧客の業種・業界や、ステイタス（スコアリング）ごとにターゲットセグメントを設定し、それぞれのニーズや課題に合わせてメール配信ができれば、メールの反応率も高く、効果が高いと思われます。ですが、実際問題、そこまでやるとなると、運用体制をかなり充実させていかないと実現できません。

手軽にできる見込み顧客へのアプローチ方法

現実的な運用ですが、**新規リードを獲得するために作成したブログ記事やホワイトペーパーのコンテンツなどを、メール配信向けに再利用していく**のが運用しやすいです。

例えば、毎週ブログ記事をアップしていけば、半年で24本のブログ記事を作成することができます。こちらのブログ記事を、類似するテーマなどで特集化しコンテンツ化していけば、新たにコンテンツをつくることなく、メール配信用のコンテンツとして活用することができます。

また、定期的に開催するセミナーなども、コンテンツとしては有益です。当日、**セミナーで話された内容や集計したアンケートデータなどで共有化できるものを、コンテンツとして活用**していきます。最近は、ウェビナーなどでセミナーを行う場合も増えているので、動画で撮影したものをメール配信用のコンテンツとして活用するのも有益です。

図12 メルマガ活用による定期的な情報発信

	リードジェネレーション（見込み顧客管理）	リードナーチャリング（見込み顧客育成・選別）
理想	新規リード獲得向けに作成したブログ記事、ホワイトペーパー（資料ダウンロード記事）	既存顧客向け（ターゲット顧客セグメント別）に作成したメール配信用のオリジナルコンテンツ ※既存顧客向けのオリジナルコンテンツは有益ではあるが、制作等の運用（コスト面も）の負荷が大きい

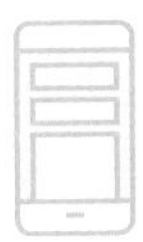

現実

新規リード獲得向けに作成したブログ記事が一定ストックされてきた段階で、それらブログ記事をテーマ別に再編集し、ターゲット顧客セグメント別にメール配信（例えば、ブログ記事を定期的にブログにアップしている場合、それらブログ記事を再編集して、既存顧客向けに配信）する

①
ブログ記事を定期的に配信

②
ブログ記事をカテゴリ分け

③
ブログ記事を編集してメルマガ配信

その他、定期的なセミナー開催の情報やプレスリリースなどの情報もコンテンツとして有効

No. 07

〔リード育成〕

成約の見込み確度が高い企業へのインサイドセールス

メール配信がオンラインでのナーチャリング手法だとすると、**インサイドセールスはオフラインで行うナーチャリング手法**です。3章でインサイドセールスとテレアポの違いに関して説明しましたが、インサイドセールスは、あくまでリード登録された見込み顧客に対してフォローしていく取り組みになります（図13）。

インサイドセールスの流れ

まず、見込み顧客のリードの中でスコアリングのしきい値を超えた顧客のみをピックアップし、アプローチリストを作成します。事前に用意したヒアリングシートにもとづき、見込み顧客に対して、取り組み状況をヒアリングし、ステイタスにもとづいて顧客をランク分けします。**架電状況を管理するため、担当者ごとにコール数やコンタクト率の目標を設定**して、アプローチしたい担当者を発掘できたのか（発掘率）、訪問の了承を得られたのか（訪問了承獲得率）などの目標値を設定しておくと取り組み自体を定量的に管理しやすいです。

案件を醸成するため、定期的なコールを行ったり、セミナーへの参加を促したりすることで関係値を深めていきます。すべてが案件化できるわけではありませんが、ホットリード化しそうな見込み顧客に関しては、アポイントメントをとり、営業側にリードを引き渡せるように準備します。

また、ヒアリングにもとづき、意思決定者が把握できた場合は、案件推進のために改めて関係構築を進めていきます。

図13 見込み確度の高い企業へのインサイドセールス

スコアリングデータが高い新規リードへ電話

・新規リードでスコアリングデータの数字がしきい値を超えている見込み企業をピックアップし、担当者に電話でヒアリングを行う

ヒアリング・ニーズ発生・顧客ランク分け

・ヒアリングシートにもとづき、見込み企業に対して、取り組み状況をヒアリング
・ステイタスにもとづき顧客をランクづけ

案件醸成
（複数回のコンタクト）

・案件醸成のため、定期的な電話や、セミナーなどへの参加を促す

別担当者との関係構築

・ヒアリングにもとづき、意思決定者（キーマン）が把握できた場合は、別担当者にアプローチ

訪問了承獲得

・ホットリード化しそうな企業のみ、アポイントメントをとり、営業側にリードを引き渡す

No.

08

〔リード育成〕

営業部門への進捗のフィードバック

最後に整理しておきますが、マーケティング部門の取り組みと営業部門の取り組みが乖離しないよう、定期的に進捗をフィードバックしていくことが重要です（図14）。

マーケティング部門と営業部門で情報共有すること

マーケティング部門主導で、新規の見込み顧客のリード管理をしていくことになりますが、**各社のスコアリング状況やインサイドセールスの取り組み状況**を営業部門側にフィードバックしていく必要があります。また、マーケティング部門側のフィードバックだけでなく、営業部門側からもフィードバックをもらうようにしましょう。営業担当者が実際に訪問してみて、見込み確度がどれぐらいありそうかなどを把握できれば、どのレベルがホットリード化しそうなのか、感覚値がつかめてきます。

その他、マーケティング部門が取り組む**定期セミナーやイベント・カンファレンスへの出展予定**などは、営業担当者が見込み顧客と関係構築を図る上での武器になるため、積極的に情報共有していく必要があります。また、ブログ記事やホワイトペーパーが充実してくると、オンラインからの問い合わせも増えてきます。対応できるように、社内の勉強会などを実施して、**最新の技術や業界動向**などに関しても、営業担当者にインプットしていくことが重要です。

マーケティング部門と営業部門の連携は、デジタルマーケティングの取り組みを高度化する上で、非常に重要になりますので、進捗のフィードバックを定期的に実施していきましょう。

図14 営業部門への進捗フィードバック

マーケティング部門	営業部門

・新規リードのステイタス管理

各社のスコアリング、
インサイドセールス状況

★★★
★★☆

・セミナー/イベント情報
（営業ネタとして使える情報）

・ブログ記事/ホワイトペーパー情報（営業ツールとして活用できる情報）

営業担当者と
進捗を共有

CHAPTER 5

COLUMN　セミナーもオンライン化しよう

ウェビナーの活用

本章の02節で、オフライン型のセミナーの運営方法に関して説明しました。昨今、コロナウイルスなどの影響で、イベントやセミナーなど大人数が集まる催し物がすべて中止になっているため、オンライン型でライブセミナーを開催するウェビナー（ウェブ＋セミナーでウェビナー）が脚光を浴びています。

ウェビナーは決して新しい概念ではありません。米国などでは、もともと移動時間が長いため、2000年初頭からウェビナーを積極的に活用してきました。活用方法も様々で、自社製品を販売しているパートナー向けにトレーニング用のウェビナーを開催したり、既存顧客向けにお役立ち情報をウェビナーで配信したりしています。

国内でも、オンライン会議が簡単に開催できるZOOMなどの便利なツールがでてきたことで、安価にウェビナーを開催することができるようになりました。

ウェビナーに参加する側のメリット

まず、ウェビナーに参加する側のメリットから見ていきたいと思います。

1つ目は、移動時間を削減できることです。通常、セミナーは2時間程度で、移動時間を含めると3～4時間ぐらい確保する必要がありますので、移動時間の無駄を削ることができます。

2つ目に、ウェビナーだと質問することができないと思われがちですが、オンラインでアンケートを集計するツールがあるので、それを組み合わせることで、通常のセミナーと同様の質疑応答をすることができます。

最近ではオフラインのセミナーでも、質問しやすくするためにオンラインでアンケートをリアルタイムに集計するツールが活用されています。

ウェビナーを主催する側のメリット

次に、ウェビナーを主催する側のメリットに関して見ていきたいと思います。

通常、セミナーを主催するためには、まずは、場所を確保する必要があります。社内に大会議室があれば開催は楽ですが、一般的には交通の便がよいところでセミナー用の会議室を借りる必要があります。東京にオフィスがある会社でも、関西や九州の見込み顧客にセミナーを実施する場合、移動時間もかかり交通費も高くつきます。しかし、ウェビナーでは、このような物理的な制約条件はありません。

また、当日の準備として資料の事前配布や、受付の準備・対応などにかかる、2～3名程度の社員の稼働も必要ありません。

参加する側と主催する側で、ウェビナーのメリットを比較してみましたが、参加者よりも主催者側のほうがメリットは大きいのではないかと思います。

ウェビナーコンテンツは2度おいしい

ライブ型で行ったウェビナーの動画コンテンツを再編集す

ることで、新規リードを獲得するためのオファーコンテンツにしたり、既存顧客向けのメール配信コンテンツとして活用したりもできます。

専用スタジオを利用する

最近では、ウェビナーが簡単に開催できる専用スタジオもあるので、それら施設を積極的に活用することで、一味違う雰囲気のある動画を撮影することが可能です。

例えば、写真1は「ヒマナイヌスタジオ」というスタジオでウェビナーを開催したときのものです。カメラが複数あり、それをスイッチャーで切り替えることで、2人を交互に見せたり、資料を説明したいときは、カメラからPCの資料にボタンを切り替えたりと、映像を飽きさせずに見せることが可能です。

写真1 ウェビナーの模様

CHAPTER

6

新しい営業スタイルの確立

No.
01

［営業の変化］

営業部門に起こる変化は7つある

今までマーケティング部門の視点からBtoBマーケティングをどのように推進していけばよいか見てきました。本章では視点を切り替えて、営業部門から見たときに、BtoBマーケティングを推進していくことが、自分たちの業務にどのような影響をおよぼしていくのかを説明します。

営業プロセスが大きく変わる

大きく7つの視点で導入後の変化を見ていきたいと思います（図1）。まず、マーケティング部門と連携することで、個人の仕事から分業体制になり、営業担当者の守備範囲が変わっていきます。次に、アウトバウンド（プッシュ）型からインバウンド（プル）型の営業アプローチに変わるので、営業スタイルそのものが変わります。また、訪問前に企業分析の深堀りができるようになるので、初回訪問時に、ニーズや課題が顕在化した状態から商談がスタートできます。はっきりしたニーズを持つ顧客（ホットリード）にアプローチできるようになるので、提案からクロージングまでの期間がかなり短縮されます。また、提案まで時間がかかりそうな潜在顧客に対しては、マーケティング部門と対処法を話し合う流れになります。最後に、受注後の対応の仕方も大きく変わります。

BtoBマーケティングを本格的に導入していくことは、**結果的に営業プロセスそのものを大きく変化させていく**ことになります。起こりうることを想定して、マーケティング部門と営業部門が一丸となって取り組みを推進してください。

図1 営業部門から見たときの7つの変化

	視点	何が変わるか
1	業務の体制	•営業担当者の守備範囲は、ニーズや課題が顕在化したホットリードのみの対応で、それ以外の営業プロセス（リード創出、リード育成）はマーケティング部門で対応
2	営業アプローチ方法	•アウトバウンド型（プッシュ型）からインバウンド型（プル型）へ移行
3	訪問前の企業分析	•FORCAS等のデータを活用した企業分析 •スコアリングデータやインサイドセールスによる企業のステイタス状況の事前把握
4	初回訪問時の打ち合わせ内容	•ニーズや課題が顕在化した状態からの商談スタート
5	提案からクロージングまでの期間	•顕在顧客（ホットリード）にアプローチしているのでクロージングまでの期間が短縮
6	潜在企業への対処方法	•潜在企業はマーケティング部門がリードナーチャリング対応をするので、営業部門は必ずしもフォローしない
7	受注後の対応	•営業担当者をアサインしづらい案件に関しては、マーケティング部門が対応するので、営業部門は必ずしもフォローしない

CHAPTER 6

No. 02

[BtoBマーケティングの活用前]

従来の営業はなぜ大変なのか？

BtoBマーケティングを活用しない営業担当者は一般的に、雑誌や新聞、ネットからアプローチ先企業の情報を収集するところから業務をスタートさせます（図2）。

打率の低い営業の仕組み

次に電話やメールなどでアポイントメントを入れたり、セミナーやイベントなどで獲得した名刺に対してアプローチをかけたりしていきます。とりあえずアポイントメントがとれた潜在顧客にも訪問するため、多いと午前中２件、午後３件と日中に顧客訪問することになります。

訪問できた見込み顧客に対して、ニーズや課題のヒアリングを行います。業種にもよりますが、**10件訪問してもニーズや課題があるのは3件程度で、その見込み客に対して次の提案段階に進めていく**ことになります。当然、残りの7件は継続的なフォローが求められます。

提案段階に進めるにあたり、ヒアリングした内容にもとづき、解決策となりうる提案書を作成します。課題解決型の提案の場合、それなりに提案資料をつくりこむことが求められます。

最後がクロージングで、提案先の見込み顧客に対して稟議を上げてもらうため、上層部に対して働きかけ、検討材料を取り揃えていくことになります。提案段階では、10件中3件程度がクロージングまで話が進み、受注できるのはそのうちの1件程度でしょう。営業管理システムがある場合もありますが、情報収集からクロージングまで、基本的に1人の営業担当者がすべて対応していくというのが、「よくある」営業風景です。

図2 従来の営業体制

アウトバウンド型セールス

	タスク	数値目標(例)	組織体制
情報収集	• 新聞/雑誌からの情報収集 • ネット上での情報収集	• 情報収集を日々の日課として活動	営業部門 1人の営業担当者がすべての工程を担う
アポイントメント	• セミナー/イベントで獲得した名刺へのアプローチ • 電話/メールでの営業アプローチ(プッシュ型)	• 100件の代表番号に電話し、95件に断られ、5件のアポイントメントを取得	
顧客訪問	• 潜在顧客を含む企業訪問(アポイントメントがとれた企業に闇雲に訪問)	• 午前2件、午後3件の訪問	
ニーズ/課題把握	• ヒアリングによる顧客のニーズ/課題把握	• 10件中7件は、ニーズ・課題が発見されず、残り3件のみ提案へ	
提案	• ニーズ・課題が顕在化していない企業にも提案(時間がかかる)	• 提案した10件のうち、3件程度がクロージングへ	
クロージング	• 受注に向けたクロージング	• 3件中1件が受注	

No.
03

［BtoBマーケティングの活用後の変化］

営業は個人の仕事から分業体制へ

BtoBマーケティングが導入されると、**今まで個人で完結していた営業が、複数部門が連携するモデルに変化します**（図3）。

「情報収集」に関しては、営業担当者が個人で行っていた活動から分業体制に変わり、外部の企業データをMAやCRMに取り込むことで、見込み顧客単位ごとに、企業分析のデータを閲覧することが可能になります。次に、今まで営業担当者（フィールドセールス）が担ってきた「アポイントメント」や「顧客訪問」が、「情報発信」や「問い合わせ」に変わり、その後の「ニーズ・課題把握」も含めて、マーケティング部門が他部門と連携して進めるため、営業担当者はこのプロセスで稼働を一切かける必要がなくなります。

「ニーズ・課題把握」に関しては、顧客を訪問して行うことというイメージが強いかもしれません。しかし、訪問営業ではなく、定期的なメールの配信や、インサイドセールスによる（電話での）ニーズ・課題把握に切り替わります。

これからの外勤営業の仕事は提案とクロージング

結果的に、フィールドセールスを担う営業担当者が本格的に動き出すのは、「提案」「クロージング」フェーズになります。**マーケティング部門がホットリードのみを営業部門に供給してくれます。**営業担当者は、ニーズや課題が顕在化している顧客のみにアプローチをかけるので、生産性が飛躍的に高くなります。提案資料に関しても、事前に課題やニーズが把握できているため、精度を上げることが可能です。

分業体制ではPDCAを回すことに、各部門で注意が必要です。

図3 営業の分業体制

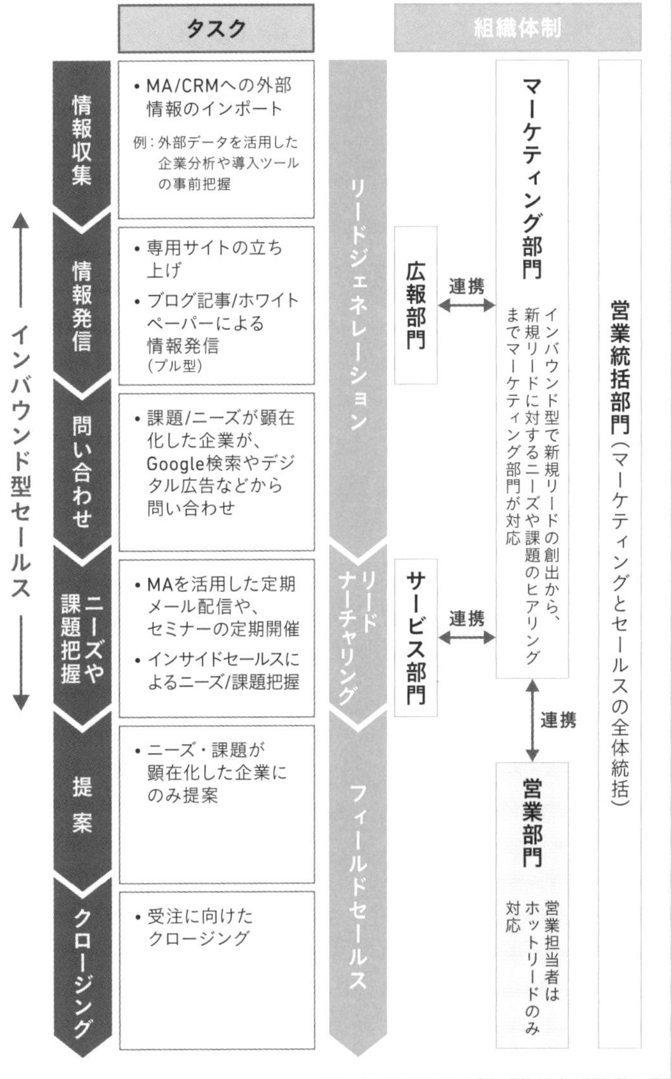

タスク

工程	タスク	
情報収集	・MA/CRMへの外部情報のインポート 例：外部データを活用した企業分析や導入ツールの事前把握	リードジェネレーション
情報発信	・専用サイトの立ち上げ ・ブログ記事/ホワイトペーパーによる情報発信（プル型）	リードジェネレーション
問い合わせ	・課題/ニーズが顕在化した企業が、Google検索やデジタル広告などから問い合わせ	リードジェネレーション
ニーズや課題把握	・MAを活用した定期メール配信や、セミナーの定期開催 ・インサイドセールスによるニーズ/課題把握	リードナーチャリング
提案	・ニーズ・課題が顕在化した企業にのみ提案	フィールドセールス
クロージング	・受注に向けたクロージング	フィールドセールス

← インバウンド型セールス →

組織体制

- 広報部門 ⇔（連携）マーケティング部門
- サービス部門 ⇔（連携）マーケティング部門
- マーケティング部門：インバウンド型で新規リードの創出から、新規リードに対するニーズや課題のヒアリングまでマーケティング部門が対応
- マーケティング部門 ⇔（連携）営業部門
- 営業部門：営業担当者はホットリードのみ対応
- 営業統括部門（マーケティングとセールスの全体統括）

No.
04

［BtoBマーケティングの活用後の変化］

営業の提案の質が上がる

BtoBマーケティングの究極の姿は、営業しなくても、顧客から問い合わせが継続的に入ってくる仕組みをつくることです。営業プロセス的には、**アウトバウンド（プッシュ）型のセールスから、インバウンド（プル）型のセールスに切り替えていく**必要があります（図4）。

アウトバウンド型とインバウンド型のセールス

現在でも、若手社員を採用してアウトバウンド型の営業を行っているところは多いかと思います。ですが、朝から晩まで電話でアポイントメントをとって、顧客訪問できたとしても、必ずしも顧客側にニーズや課題があるわけではない場合も多く、生産性の観点で見ると非常に非効率なことが多いのも事実です。

インバウンド型のセールスに切り替わると、見込み顧客からの問い合わせや資料ダウンロードが定期的にあります。インサイドセールスチームが前さばきをした上で、提案を求めている顧客に対しては、営業担当者が訪問し、クロージングをしていきます。ホワイトペーパーをダウンロードした場合は、情報収集段階の場合もあるので、電話やメールで事前にヒアリングを行ったほうがよいでしょう。

一度この仕組みが回り始めると、本当に困っている見込み顧客（ニーズや課題がある顧客）のみに対応していけばよいので、無駄な工数を大幅に削減できます。営業担当者はどうすれば自社の商品・サービスで解決できるのかという**提案に力を注げるので、顧客満足度も高まります。**

図4 営業アプローチの変化

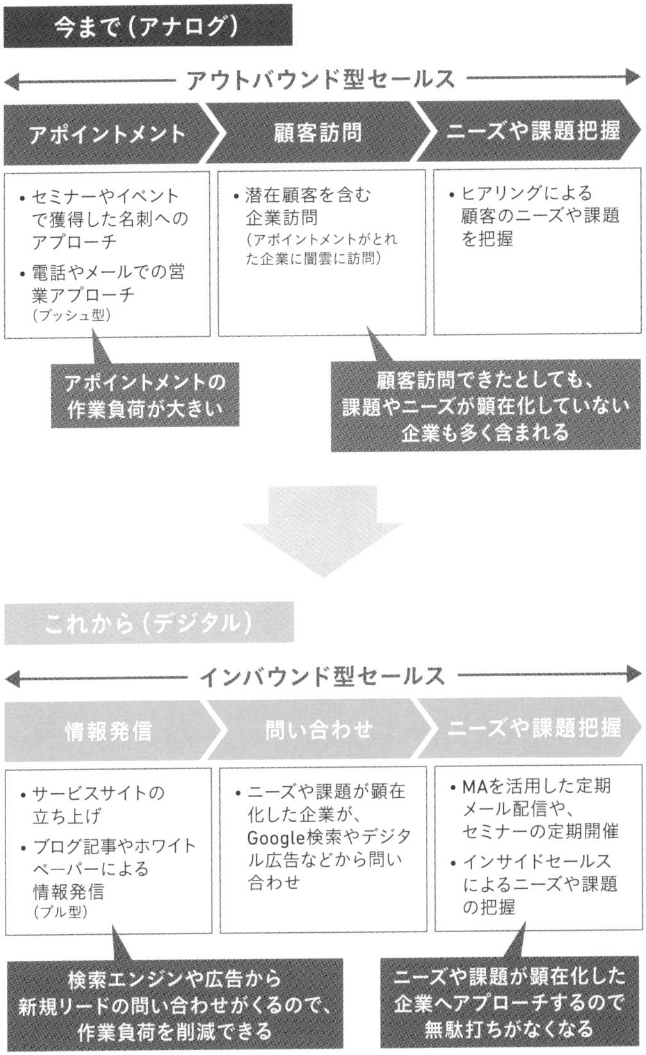

今まで（アナログ）

アウトバウンド型セールス

アポイントメント → 顧客訪問 → ニーズや課題把握

アポイントメント
- セミナーやイベントで獲得した名刺へのアプローチ
- 電話やメールでの営業アプローチ（プッシュ型）

顧客訪問
- 潜在顧客を含む企業訪問（アポイントメントがとれた企業に闇雲に訪問）

ニーズや課題把握
- ヒアリングによる顧客のニーズや課題を把握

アポイントメントの作業負荷が大きい

顧客訪問できたとしても、課題やニーズが顕在化していない企業も多く含まれる

これから（デジタル）

インバウンド型セールス

情報発信 → 問い合わせ → ニーズや課題把握

情報発信
- サービスサイトの立ち上げ
- ブログ記事やホワイトペーパーによる情報発信（プル型）

問い合わせ
- ニーズや課題が顕在化した企業が、Google検索やデジタル広告などから問い合わせ

ニーズや課題把握
- MAを活用した定期メール配信や、セミナーの定期開催
- インサイドセールスによるニーズや課題の把握

検索エンジンや広告から新規リードの問い合わせがくるので、作業負荷を削減できる

ニーズや課題が顕在化した企業へアプローチするので無駄打ちがなくなる

No.
05 ［BtoBマーケティングの活用後の変化］ 訪問前の情報収集いらずで営業の分析の質が上がる

顧客訪問する前の情報収集（企業分析）はどのように変化するのでしょうか。

商品・サービスの顧客単価にもよりますが、それなりの規模の提案をする場合、**事前に見込み顧客の情報収集（企業分析）を行うのが一般的**です。例えば、上場会社ならば、決算説明会の資料や有価証券報告書に目を通して重要なポイントをチェックしたり、日本経済新聞や日経ビジネスなどの経済紙をクリッピングしたりして情報収集を行っているかと思います。

訪問先企業の情報が社内にある状態になる

BtoBマーケティングを本格展開していくと、**個別に情報収集せず、システム管理上で企業の情報収集や分析を行える**ようになります（図5）。例えば、企業情報を集約しているFORCASなどの事業者データを、MAやCRMと連携して閲覧できるのです。

また、CRMに登録されている既存顧客のデータを深堀りして分析することで、どういった業種・業界で商品が売れているのか、また、どれぐらいの企業規模（資本金×売上高）でどういった商品・サービスが売れているのかも、簡単にわかります。

情報収集能力は、営業担当者でバラツキがあります。日々情報収集を行い、レベルの高い提案をしている担当者もいれば、全く行っていない担当者もいます。情報がシステムに蓄積され、誰でも閲覧できるようになると、個人に依存せず、アプローチ先企業の情報を得られるようになるので、営業部門全体の能力の底上げにつながります。

図5 訪問前の企業分析（情報収集）の変化

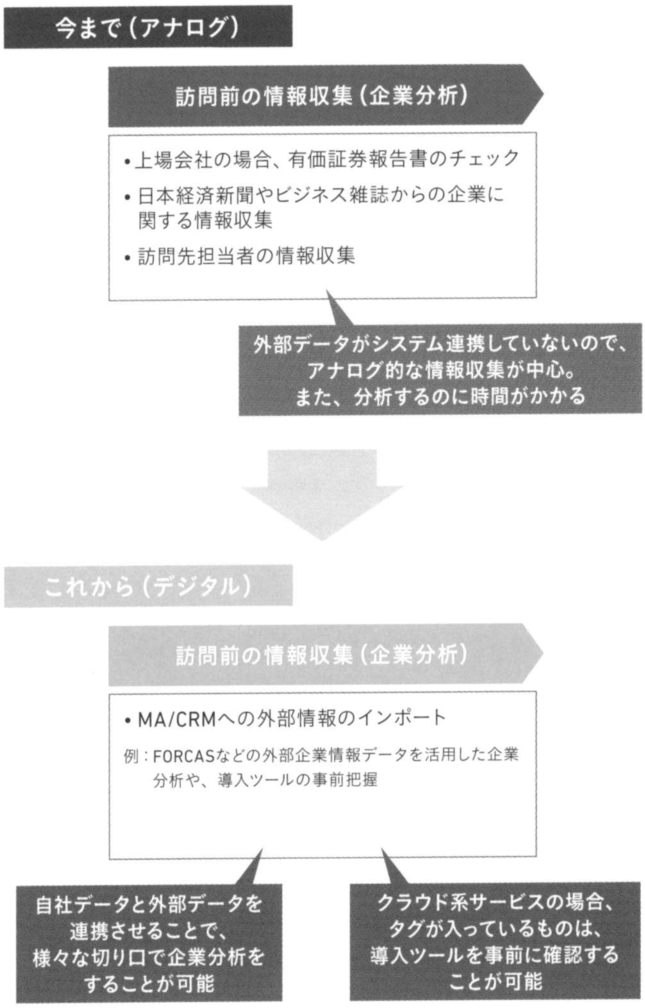

今まで（アナログ）

訪問前の情報収集（企業分析）

- 上場会社の場合、有価証券報告書のチェック
- 日本経済新聞やビジネス雑誌からの企業に関する情報収集
- 訪問先担当者の情報収集

外部データがシステム連携していないので、アナログ的な情報収集が中心。また、分析するのに時間がかかる

これから（デジタル）

訪問前の情報収集（企業分析）

- MA/CRMへの外部情報のインポート

例：FORCASなどの外部企業情報データを活用した企業分析や、導入ツールの事前把握

自社データと外部データを連携させることで、様々な切り口で企業分析をすることが可能

クラウド系サービスの場合、タグが入っているものは、導入ツールを事前に確認することが可能

No.
06

［BtoBマーケティングの活用後の変化］

初回訪問時の打ち合わせがスムーズになる

今までの営業では、アポイントメントがとれたところはすべて訪問していました。結果的に、ニーズや課題が今すぐないという潜在顧客も含めて営業アプローチをかけていたことになります。この場合、訪問してみるまで、見込み顧客がどういったことに興味があるのかわからなかったり、そもそもニーズや課題がなかったりする場合もあります（図6）。

訪問前から関係構築ができる

一方で、BtoBマーケティングを本格的に推進した場合、**ニーズや課題把握は、リードナーチャリングの段階で行います。**そのため、スコアリングデータから、どういったコンテンツに反応しているのか、見込み顧客がどういったことに興味があるのか、行動ログデータから把握することが可能です。また、インサイドセールスをかけている場合、顧客側の担当者と定期的に情報交換を行っているので、顧客内部での検討状況を（単なるスコアリングデータよりも詳しく）把握している場合もあります。

このように、訪問前にある程度の情報が把握できている状態で、営業担当者が訪問することになるので、打ち合わせもスムーズに行うことができます。

BtoBマーケティングなら、基本的にはお客様から問い合わせがあったものに対して、リアクションしていくかたちでサポートしていくことになるので、訪問前の関係構築がある程度できている段階で訪問することができるのです。

図6 初回訪問時の打ち合わせ内容の変化

今まで（アナログ）

顧客訪問（初回）

- 潜在顧客を含む企業訪問
（アポイントメントがとれた企業に闇雲に訪問）

訪問してみるまで、見込み顧客がどういったことに興味があるのかわからない（無駄打ちも多い）

これから（デジタル）

顧客訪問（提案フェーズに相当）

- 問い合わせのあった企業への訪問。
訪問前に課題・ニーズは把握済み
- スコアリングデータから興味や関心のある領域も事前に把握

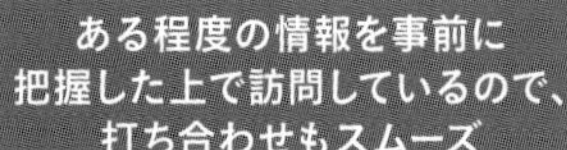

ある程度の情報を事前に把握した上で訪問しているので、打ち合わせもスムーズ

問い合わせに対するリアクション（営業）なので、打ち合わせも和やか

No. 07

［BtoBマーケティングの活用後の変化］

リードの質を意識してクロージングまでの期間を削減

どのような質のリードにどのような営業をかけていくべきかや、提案からクロージングまでの期間の変化を見ていきましょう。

4つのリードとそれに対する営業のかけ方

一般的にリードは、4つに分類することができます（図7）。「コールドリード」は、顧客側で、まだ導入の検討に入っていない状態をいいます。案件化するまでに時間がかかるため、営業的に後回しにさせることが多いリードです。2つ目が「ウォームリード」です。顧客内部でも検討がスタートし、問い合わせや資料請求などのアクションをとり始めている段階です。3つ目の「ホットリード」は、予算化の検討が進み、外部ツールベンダーやシステム開発会社などにRFP（提案依頼書）を提示し、提案を進めている段階です。4つ目は、「リサイクルリード」です。失注した案件で、再度ナーチャリングフェーズに戻すリードになります。

問い合わせ段階や、イベントやカンファレンスで獲得した名刺をMAに登録した段階では、まだ「コールドリード」です。その後、リードナーチャリングを行って「ウォームリード」や「ホットリード」に引き上げていきます。**「ホットリード」の場合、提案からクロージングの期間を通常の30～50%程度まで削減できます**（図8）。失注したリードに関しては、「リサイクルリード」として、ナーチャリング段階に戻します。新規リードは顧客獲得までに大きなコストがかかるため、失注した案件でも丁寧に対応することで、新たな受注を狙っていきましょう。

図7 リードの質と顧客のステイタス

リードの質(種類)	顧客のステイタス
コールドリード	・顧客側で、まだ導入の検討に入っていない状態。将来的には導入検討を進める可能性があるが、営業担当者も案件化するまでに時間がかかるので後回しにすることが多い
ウォームリード	・社内で検討がスタートし、問い合わせや資料請求などを行い、情報収集(RFI)などをし始めている段階 ・スコアリングデータから、設定したしきい値を超える動きをしている段階
ホットリード	・予算化の検討が進み、外部ベンダーやシステム開発会社などにRFP(提案依頼書)を提示し、提案を求めている段階 ・3〜6か月以内に導入の意思決定をする可能性がある段階
リサイクルリード	・失注した案件で再度ナーチャリングフェーズに戻すリード

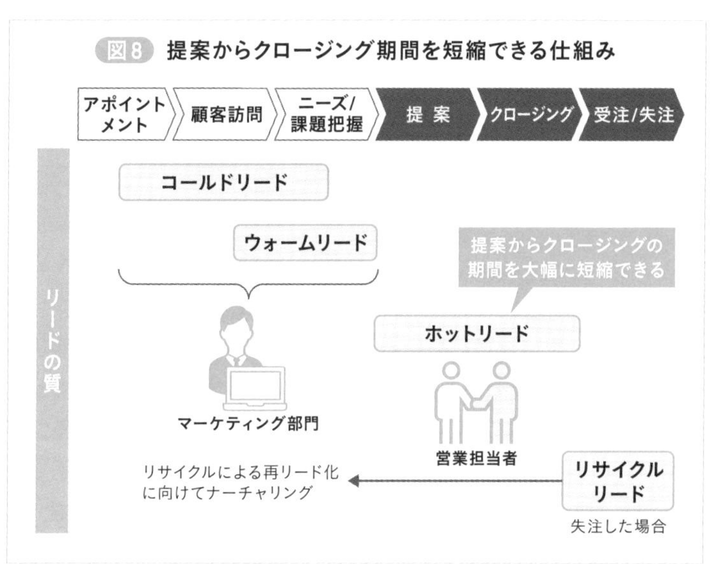

No. 08

［BtoBマーケティングの活用後の変化］

既存顧客に少ない人数で対応できる

案件を受注した後は、見込み顧客から既存顧客のステイタスに変わり、営業担当者が責任者として対応していくことになります。対象企業が大企業で、取引額も大きい場合は、営業担当者を専任でつけることができますが、受注額が小さい場合は、必ずしも専任の担当者をつけることができません。

リードナーチャリングで追加提案を行う

営業の基本は、既存顧客に対して、クロスセル・アップセルをして取引額を上げていくことです。

デジタルマーケティングの仕組みが整備されていくと、この**追加提案（クロスセル・アップセル）にマーケティング部門がリードナーチャリングの手法を活用して対応していくことができる**ようになります（図9）。受注額が小さく、専任の担当者をつけられない既存顧客に関しては、非常に有効な打ち手となります。

営業プロセス全体が可視化できる

もう1つ大きな変化は、問い合わせから受注まで一気通貫でリードマネジメントを行うことができるようになるので、**すべてのステイタスをデータで追うことができる**ことです。受注につながる案件はどのようなタッチポイントを経てリード化するのか、リード化した後はどれぐらいの期間を経て案件化していくのか、全体の傾向を把握することができるようになります。時間はかかりますが、ここまでくると組織力は数段アップします。

図9 受注後の変化

今まで（アナログ）

セールス（既存顧客対応）

受注	維持	追加提案
・契約や請求書などの事務処理	・定期的訪問による顧客との関係構築	・アップセルまたはクロスセルなどの追加受注に向けた取り組み

営業部門（営業部隊）

これから（デジタル）

セールス（既存顧客対応）

受注	維持	追加提案
・契約や請求書などの事務処理	・定期的訪問による顧客との関係構築	・アップセルまたはクロスセルなどの追加受注に向けた取り組み

追加提案プロセスも、マーケティング部門がフォローし、リードナーチャリングを行う

リードナーチャリング

メール配信、
インサイドセールス、
定期セミナー開催

営業部門（営業部隊）

マーケティング部門

No. 09

［営業の生産性向上］

営業担当者が変わり、組織が変わる

営業のグッドサイクルをつくる

BtoBマーケティングを本格的に実施していくと、インバウンド型で見込み案件リードが入ってくることになるので、効率の悪いアポイントメントや無駄な営業訪問などを削減でき、営業の生産性を大幅にアップすることができるようになります（図10）。

減らした時間を見込み顧客に対する課題解決の提案に費やすことができます。

付加価値の高い提案を行うことで顧客からも評価され、それが最終的に顧客の収益にも貢献することになります。自社にとっても、案件が受注したことで収益になり、自社事業の拡大につながります。

小さな成功を積み重ねる

もちろん、営業のグッドサイクルが回り始めるまでには、試行錯誤を繰り返しながら、様々な障壁を乗り越えていかなければなりません。

ですので、まずは小さな成功をつくることを心がけて、「新規リード数を○件増やす」とか「ブログの記事を○本書く」などの、**わかりやすく、短期的に達成しやすい目標を設定してクリアしていく**ことが重要です。BtoBマーケティングの取り組みが営業の仕方にどのように影響を与えるか、皆が理解できるようになると、組織全体が変化し、収益力も高まっていきます。

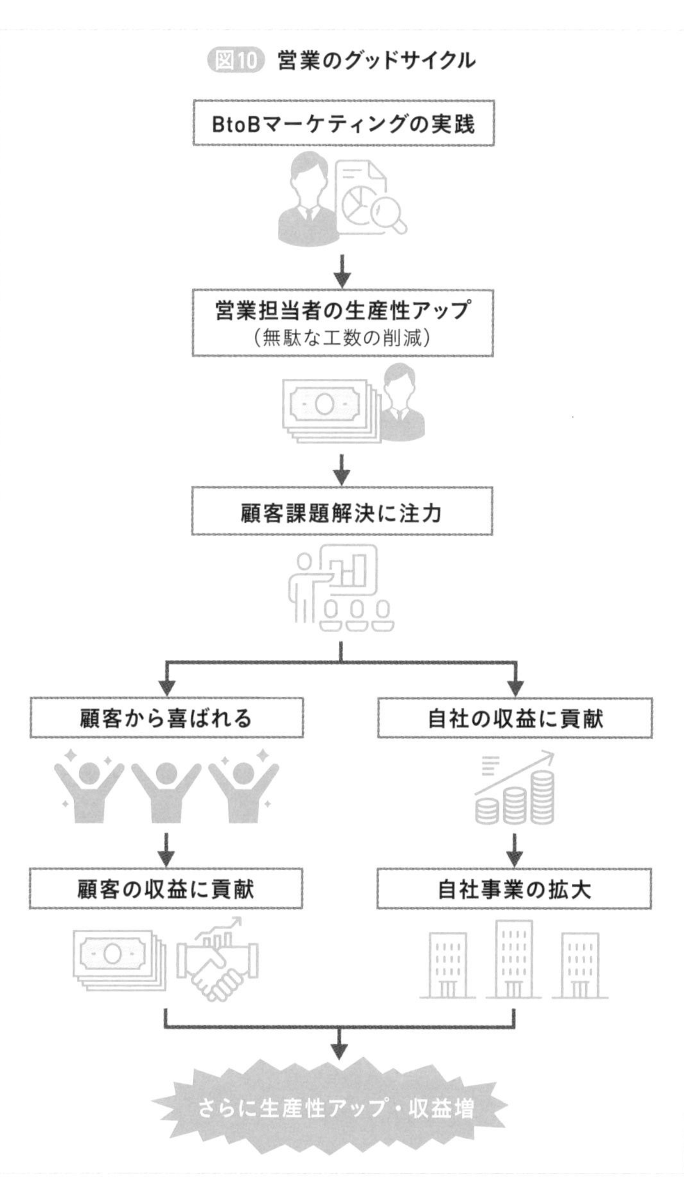
図10 営業のグッドサイクル
BtoBマーケティングの実践
営業担当者の生産性アップ
（無駄な工数の削減）
顧客課題解決に注力
顧客から喜ばれる
自社の収益に貢献
顧客の収益に貢献
自社事業の拡大
さらに生産性アップ・収益増

COLUMN

ひと昔前の新規営業のアプローチ手法

私自身は、事業開発が専門分野で、自社事業や顧客の新規事業の立ち上げ業務を数多く経験してきました。事業開発をわかりやすく定義すると、サービスを企画・開発して、つくった後は自分たちで販売し、収益の目途が立つところまでをサポートしていく業務になります。

サービスを企画・開発する部分でも、リサーチやプレセールスのようなかたちで見込み顧客にヒアリングを行い、サービスがローンチした後は、既存顧客はもちろんのこと、今まで接点のなかった企業に営業アプローチしていく必要があります。全く接点のない企業にアプローチするためには、代表番号から電話をかけるのですが、なかなかつないでもらえません。手間はかかりますが、事前に手紙（面談依頼書的なもの）を該当者（例えば役員クラス）に送り、それからアポイントメントを入れることでアポイントメント率を高め、顧客訪問後も、お礼状を送付して印象に残るような取り組みをやっていました。

このような営業のやり方や商談のつくり方が全くなくなるとは思いませんが、最近は初回訪問時でもZoomやSkypeなどのビデオ会議を活用して、ミーティングを行うことも増えてきていて、営業のやり方もだいぶ様変わりしてきていると感じます。

インバウンド型セールスは、たしかに効率的で生産性も高まりますが、会いたいけれどなかなか会えない役員やキーマンに対して、どのようにアプローチすれば出会えるか、様々な取り組みでチャレンジしていたころが懐かしいです。

CHAPTER

7

社内体制のつくり方

No. 01

［組織設計］

自社でできることと外注することを分ける

本格的にBtoBマーケティングを進めていくと、社内の様々な部門や、社外の様々な専門業者と連携していくことが求められます。

リードジェネレーション、リードナーチャリング、フィールドセールスを縦軸に、理想的な推進体制を図1に表しました。

連携しやすい社内・社外の理想の体制

社内組織に関しては、マーケティング部門と営業部門の双方を統括する「営業統括部門」という組織をおいています。こちらは、営業プロセス全体を俯瞰的に見る部門です。また、商品やサービスを企画するサービス部門や広報部門などが、マーケティング部門と連携して、リードジェネレーション施策を推進していきます。

社外には、コミュニケーション設計（運用）という組織をおいています。具体的には、データ分析、シナリオ設計、広告やCRM施策の立案と運用業務を外注します。また、関連する組織として、外部企業データ、コンテンツ制作、デザイン制作、メディア（媒体社）などがあります。社内システム構築のためには、ツールの実装・運用を担うシステム開発会社、MAやCRMのツールベンダーなどを利用します。なお、**インサイドセールスを社外組織におきましたが、社内で実施する場合は、マーケティング部門や営業部門が担う**ことになります。

社内と社外の業務範囲の切り分けですが、企画立案までは内部で行い、その後の、設計や実装など専門性が求められる領域は、初めは外注し、徐々に内製化していくほうがよいでしょう

図1 推進体制の全体像

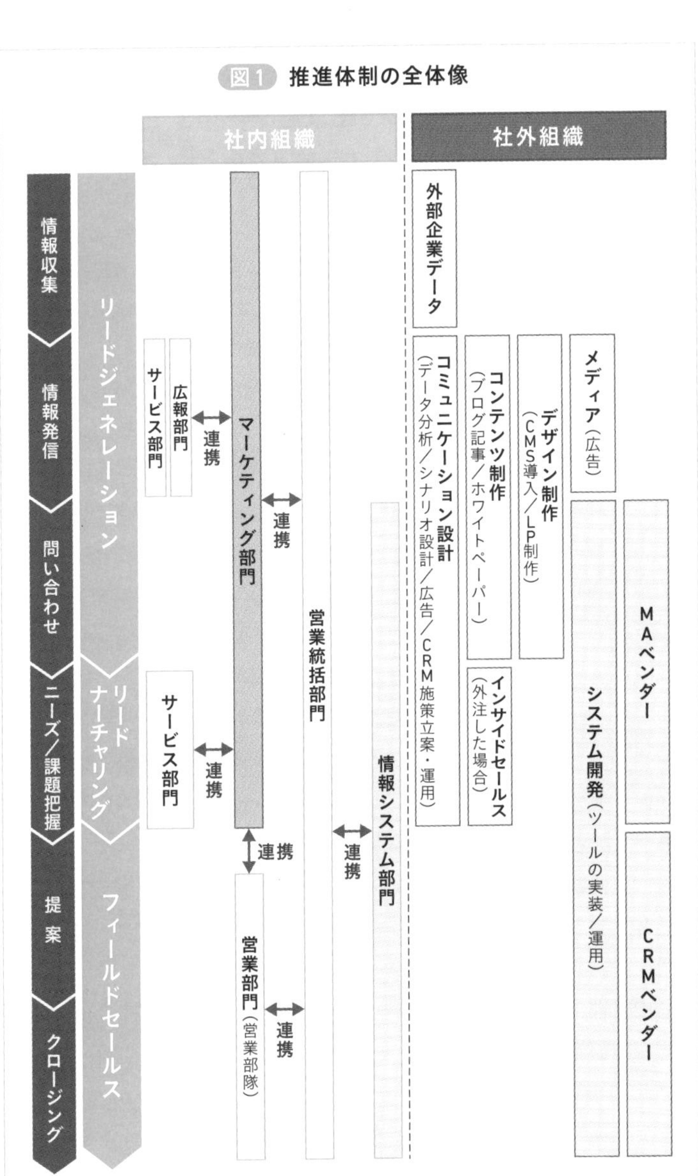

CHAPTER 7

No. 02

［組織設計］

内部の推進体制をどのように設計するか？

図1の全体像の社内組織の部分を抜き出してみました（図2）。BtoBマーケティングを本格的に推進していくと、営業という仕事は複数の部門にまたがる分業体制で行うことになります。

連携のキーになる2つの部門

1つ目のキーになるのはマーケティング部門です。リードジェネレーションとリードナーチャリングの2つのプロセスを担います。イベントやカンファレンス参加などのリードジェネレーションに関しては、広報部と連携して対応できている会社も多いですが、リードナーチャリングに関しては、対応できていない企業が多いのが実態です。まずは、見込み確度の高い新規の問い合わせ件数を増やすところからスタートし、コールドリードに対応するリードナーチャリング（メール配信やインサイドセールス対応など）の仕組みを徐々に整えていく必要があります。

もう1つ重要な部門が「営業統括部門」です。BtoBマーケティングの本質は、複数の部門が連携して営業プロセスそのものを刷新し、見込み顧客とコミュニケーションを活性化させていくことです。営業統括部門では、マーケティング部門と営業部門の連携によるリードの創出と進捗管理、マーケティング部門と情報システム部門の連携による業務要件の整理とMA・CRMのシステム導入、サービス部門やマーケティング部門の連携によるブログ記事やホワイトペーパーの充実など、マーケティング戦略全体を立案した上で、各施策の整合性を図りながら、各部門を連携させ、業務を推進していく必要があります。

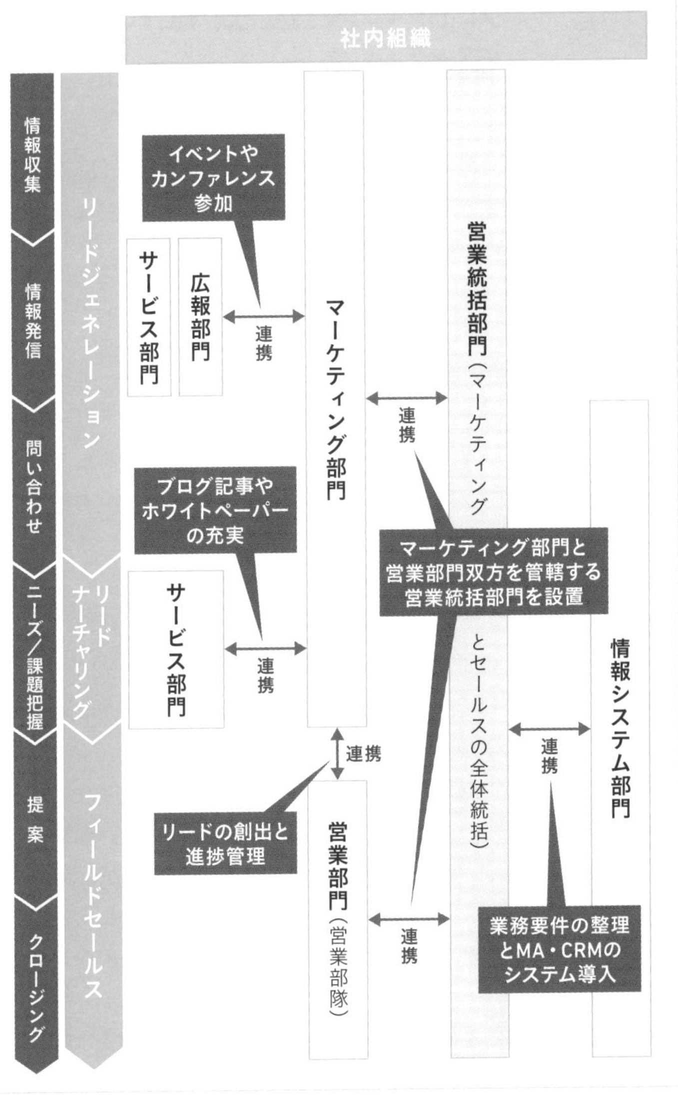
図2 内部の推進体制をどのように設計するか
社内組織
情報収集
情報発信
問い合わせ
ニーズ／課題把握
提案
クロージング
リードジェネレーション
リードナーチャリング
フィールドセールス
イベントやカンファレンス参加
サービス部門
広報部門
連携
マーケティング部門
連携
営業統括部門（マーケティングとセールスの全体統括）
ブログ記事やホワイトペーパーの充実
サービス部門
連携
マーケティング部門と営業部門双方を管轄する営業統括部門を設置
連携
情報システム部門
連携
リードの創出と進捗管理
営業部門（営業部隊）
連携
業務要件の整理とMA・CRMのシステム導入

CHAPTER 7

No. 03

［組織設計］

外部の支援会社に頼める領域は2つ

図1の全体像の社外組織の部分を抜き出してみました（図3）。社外組織に関しては、大きく分けて、コミュニケーション領域を支援する会社と、テクノロジー領域を支援する会社に分類することができます。

連携のキーになる2つの部門

MAのシステム導入から、BtoBマーケティングをスタートする企業の場合、ツールベンダーと、実装・運用支援を行うシステム開発会社の選定からスタートすることになります。システム導入からスタートする場合の注意点は2点あります。1点目が、システムが実装された後のコミュニケーション設計・運用を全く考慮していない場合があること。マーケティング部門からメンバーがアサインされていないため、ツールを導入しただけになっています。2点目が、社内のマーケティング部門が主導で推進していくことになっていたものの、スキルや能力が足りず、PDCAが回せていない場合です。具体的にはシナリオ設計とそれにもとづくメール配信がほとんど実施できていません。

コミュニケーション設計・運用は、システム導入後にマーケティング施策を企画立案し、実運用に落とし込んでいく業務で、通常、広告会社やBtoBに特化したマーケティングエージェンシーが得意とする領域です。便宜上、コンテンツ制作会社やデザイン制作会社を別機能として切り分けていますが、1つの会社ですべて対応できる支援会社もあります。

社内組織で対応できない領域は、外部のパートナー企業と積極的に連携していくと、事業の立ち上がりも早いです。

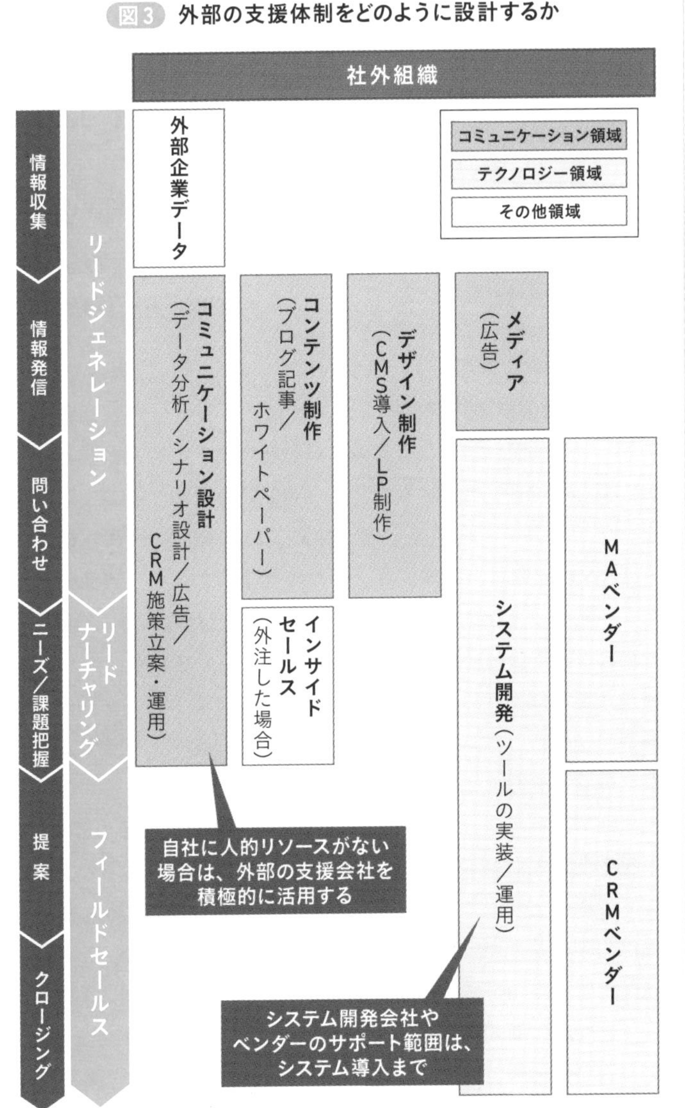
図3 外部の支援体制をどのように設計するか
社外組織
コミュニケーション領域
テクノロジー領域
その他領域
情報収集
情報発信
問い合わせ
ニーズ／課題把握
提案
クロージング
リードジェネレーション
リードナーチャリング
フィールドセールス
外部企業データ
コミュニケーション設計（データ分析／シナリオ設計／広告／CRM施策立案・運用）
コンテンツ制作（ブログ記事／ホワイトペーパー）
デザイン制作（CMS導入／LP制作）
メディア（広告）
インサイドセールス（外注した場合）
システム開発（ツールの実装／運用）
MAベンダー
CRMベンダー
自社に人的リソースがない場合は、外部の支援会社を積極的に活用する
システム開発会社やベンダーのサポート範囲は、システム導入まで
CHAPTER 7

No.

04 ［部門ごとの役割］マーケティング部門の役割はプロセス管理と部門連携

マーケティング部門の役割を、プロセス管理と部門連携の2つの視点から整理します（図4）。

新規リード獲得施策を各部門と連携して進める

まず、プロセス管理です。情報収集（企業分析）に関しては、MAやCRMに登録済みの企業データがあれば、外部データと連携することで、見込み顧客や既存取引先の分析を行えます。情報発信と問い合わせに関しては、新規見込み顧客から問い合わせがくるようコンテンツマーケティングや広告施策を展開していきます。見込み顧客へのニーズ・課題把握は、定期的なメールの配信やセミナー開催などで行います。**顧客のスコアリングデータがしきい値を超えたら、インサイドセールスを行うことで取り組み状況を把握していきます**。インサイドセールスを営業部門に設置する企業も多いですが、ホットリードのみ営業部門が関わるほうが業務を切り分けやすいため、マーケティング部門への設置をおすすめします。

次に部門連携です。**営業統括部門が全体を仕切るとしても、現場レベルで各部門と一番連携するのは、やはりマーケティング部門です**。新規リードの獲得に関しては、マーケティング部門主導で進めてもあまり問題は起きませんが、すでに取引のある既存顧客の場合、営業担当者が責任者としてついています。営業部門（営業担当者）に事前に共有することなく、新規の商品やサービスに関するメール配信を行うと、クレームが入る場合もあるため、マーケティング部門と営業部門は密に連携をとって進めていきましょう。

図4 マーケティング部門の役割

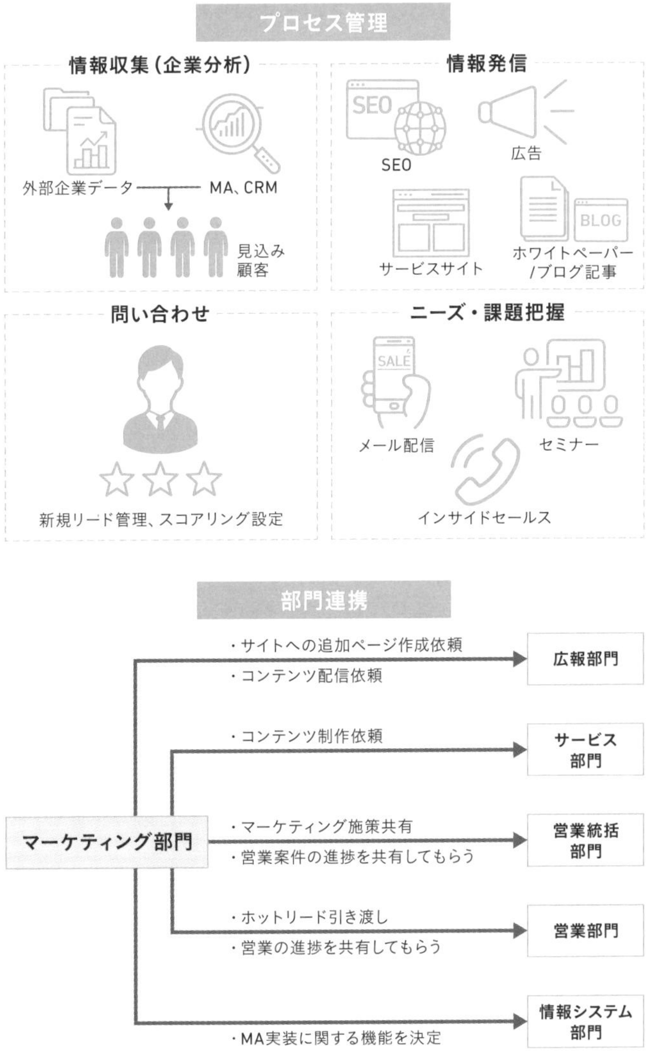
プロセス管理
情報収集(企業分析)
外部企業データ
MA、CRM
見込み顧客
情報発信
SEO
SEO
広告
サービスサイト
BLOG
ホワイトペーパー/ブログ記事
問い合わせ
新規リード管理、スコアリング設定
ニーズ・課題把握
SALE
メール配信
セミナー
インサイドセールス
部門連携
マーケティング部門
・サイトへの追加ページ作成依頼
・コンテンツ配信依頼
広報部門
・コンテンツ制作依頼
サービス部門
・マーケティング施策共有
・営業案件の進捗を共有してもらう
営業統括部門
・ホットリード引き渡し
・営業の進捗を共有してもらう
営業部門
・MA実装に関する機能を決定
情報システム部門

CHAPTER 7

No.
05

［部門ごとの役割］

営業統括部門は複数の事業部をチェックする

営業統括部門は、営業部門やマーケティング部門と連携して、BtoBマーケティング全体の戦略の策定や施策の具体化、予算やROIの管理を行う必要があります。その上で、各部門がバラバラに活動しないよう、営業プロセス全体を管理していく役割が求められます（図5）。

実際の組織設計は、組織がシンプルで営業部門が単一の組織の場合は、営業部門の中にマーケティング部門をおくことが多いため、営業統括機能も、営業部門が担えばよいでしょう。

複数の事業部がもたらす弊害を防ぐ

一方で、業種や商材ごとに複数の事業部が存在するケースも考えてみたいと思います（図6）。事業部の場合、通常、1つの事業部の中に、企画、商品開発、製造、営業、マーケティングなどの機能を持ちます。大手企業の場合、事業部が複数あり、それぞれが独自の商品・サービスを販売しているので、営業やマーケティングに関しても独立して行っていることが多いです。事業部がバラバラにBtoBマーケティングを展開する弊害は、企業のデータベースが統一されないこと、MAが複数存在すること、コンテンツマーケティングに統一感がないことなどが挙げられます。

事業部が複数ある場合は、営業部門とマーケティング部門、情報システム部門などを横串で見る組織として、営業統括部門を設置し、全社の取り組みとしてBtoBマーケティングを推進していくことが非常に重要になります。

図5 営業統括部門の役割

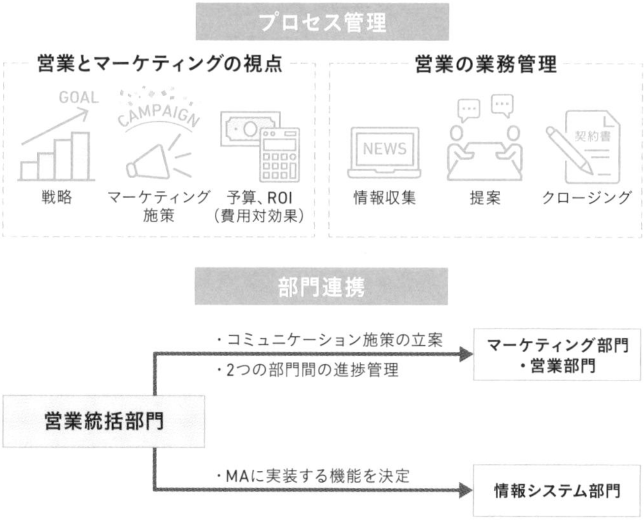

プロセス管理

営業とマーケティングの視点

GOAL

CAMPAIGN

戦略

マーケティング施策

予算、ROI（費用対効果）

営業の業務管理

NEWS

契約書

情報収集

提案

クロージング

部門連携

営業統括部門

・コミュニケーション施策の立案
・2つの部門間の進捗管理

マーケティング部門・営業部門

・MAに実装する機能を決定

情報システム部門

図6 複数の事業部がある場合の組織体系

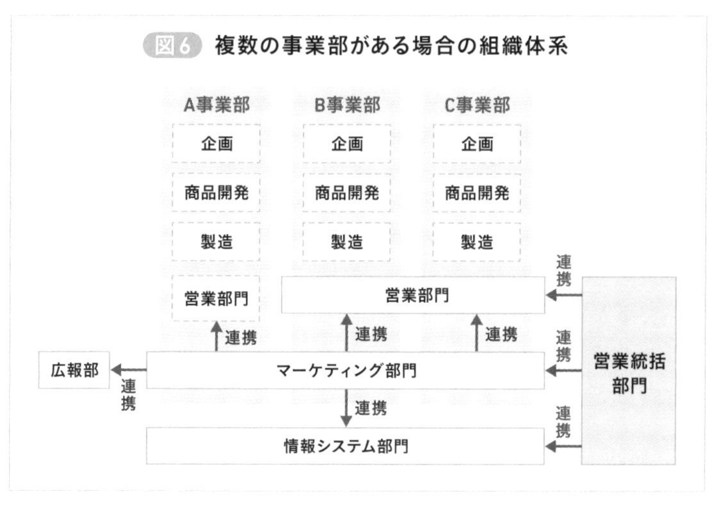

No.
06

［部門ごとの役割］

ツール導入と整備は情報システム部門を必ず通す

情報システム部門の役割は、BtoBマーケティングを推進するときに必要となるシステム面を整備していくことです。具体的には、CMS、MA、CRMなどのツールを導入するときの、要件定義、外部設計、実装・運用などをサポートすることがメインの業務になります（図7）。

各部門は情報システム部門にやりたいことを伝える

リードジェネレーションやリードナーチャリングに関しては、マーケティング部門と連携してCMSやMAを導入するためのサポートを行い、フィールドセールスに関しては、営業部門と連携してCRMを導入するためのサポートを行う必要があります。また、マーケティング部門や営業部門はテクノロジー面のスキルセットが不足していることが多いので、**外部ツールベンダーとのコミュニケーションは情報システム部門が主に対応していく**必要があります。

実際の導入にあたっては、システム導入先行でBtoBマーケティングのプロジェクトがスタートする場合、マーケティング側や営業側にある課題やニーズ、やりたいことが明確になっていないまま、ツールベンダー主導でシステム導入の意思決定がなされていることが多々あります（図8）。何をやりたいかが明確でないプロジェクトは、システムを導入することがゴールになっていることが多く、コミュニケーションの設計や運用がないがしろにされていることが多いので注意して進めていきましょう。

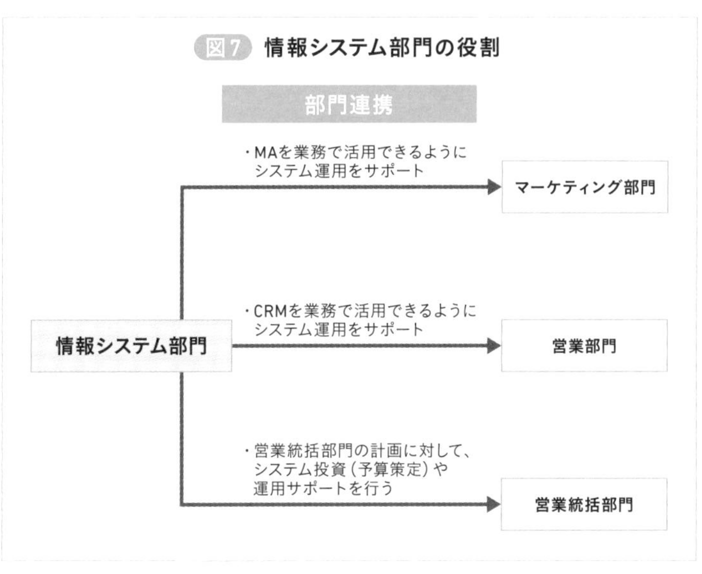

図7 情報システム部門の役割

図8 システム導入にあたっての留意事項

- システム導入（How）を検討する前に、何をやりたいか・実現したいか（What）をまず整理する
- 情報システム部門単独で、システム導入を検討しない。必ず、マーケティング部門と連携して進める
- ツールベンダーの営業担当者が受注を急いでできるといったことが、引き継いだシステム会社でできないといわれる場合もあるので気をつける
- MAには様々な機能があるが、スタート段階では最小限の機能に絞って運用負荷を減らす

No. 07

［部門ごとの役割］

広報・サービス部門でリード獲得をサポートする

情報品質を保つ広報部門と情報発信するサービス部門

イベントやカンファレンスへの出展、ブランディングを目的とした広告施策を実施する際は、広報部門主導で行う場合が多いかと思います。**通常はコーポレートサイトも広報部門が管理する**ため、サイトへの問い合わせ対応や、サイト内のコンテンツマーケティングの品質管理（レギュレーションチェック）なども業務になります。

対外的な情報発信という観点で、広報部門が上記のような業務に対応していますが、報道やプレスリリースへの対応、IRなど、たいていは少人数でステークホルダー全般に対応していかなくてはなりません。

本格的にBtoBマーケティングを展開するようになると、広告やコンテンツマーケティング施策を積極的に活用して、オンラインで新規リードを獲得していくことになるため、現状のコーポレートサイトのみでは対応しづらくなり、専用のサービスサイトを立ち上げていくことになります。専用のサービスサイトを立ち上げていくならば、サイトの企画運営は、マーケティング部門が主幹となり、広報部門の業務は、コンテンツの品質管理にとどめたほうが棲み分けがしやすいです（図9）。

サービス部門に関しては、商品やサービスを企画立案している部門になるため、ブログ記事やホワイトペーパーなどコンテンツマーケティングや、メール配信の**コンテンツの書き手として、情報発信をサポートしていく**必要があります。主に、マーケティング部門や広報部門と連携して情報発信していくことになります（図10）。

図9 広報部門の役割

プロセス管理

情報発信

サイトの品質管理、企画設計、
運用サポート

部門連携

広報部門 → マーケティング部門

・マーケティング部が企画した施策のサポート
・サイトの企画設計から運用までのサポート

図10 サービス部門の役割

プロセス管理

ニーズ・課題把握

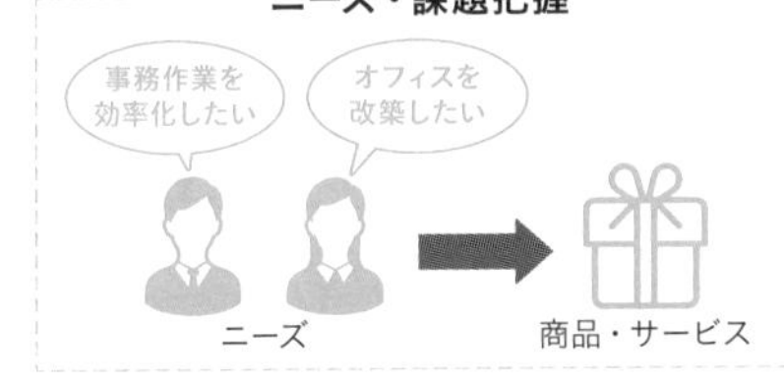

部門連携

サービス部門 → マーケティング部門

・ブログ記事やホワイトペーパー用コンテンツの原稿作成
・リードナーチャリング用のコンテンツ（メール配信）のサポート

CHAPTER 7

No. 08

［外部事業者との連携］

ツールベンダー/システム開発会社との付き合い方

MAやCRMなどのツールベンダーとシステム開発会社の関係から整理します。一般的に、ツールベンダーは、ライセンス収入をメインにしているため、システムの設計・実装・運用までは行いません（もちろん、ツールベンダーでありながら、実装・運用までサポートしてくれる会社もあります）。ツールベンダーの資格認定を持つシステム開発会社が、設計・実装・運用の後工程を行います（図11）。

システム開発会社の選び方

すべてのMAやCRMに対応できるシステム開発会社は少ないため、ツールの選定ができたら、例えば、セールスフォース・ドットコムのPardotの実装に強いシステム開発会社や、アドビシステムズのMarketoの実装に強いシステム開発会社などにお願いすることになります。

MAは比較的安価なSaaSのソフトウェアであるため、導入後のフォローアップに多くの工数が設定されません。マーケティング戦略やシナリオは各社で異なり、初期導入や運用フォローは重要であるため、有料メニューを用意したり、導入・運用パートナーとの協力体制を強化したりしていることが多いです。**MAの機能や価格だけでなく、導入後のカスタマーサクセスまでサポートしているかどうかもチェック**したほうがよいです（図12）。教育用コンテンツやナレッジベース（ツールの使い方）の充実、オンライン・オフラインでのユーザーコミュニティも重要なポイントとなります。

図11 MA/CRMベンダー/システム開発会社の業務

	提案・クロージング	実装/運用
ツールベンダー	一般的にMA/CRMベンダーはツールの販売までは行う	システム開発会社任せ
システム開発会社	ツールベンダー任せ	システム開発会社は、MA/CRMの実装/運用まではサポートする。導入後のツールの使い方（コミュニケーション設計）は対応できない

図12 依頼する前に行うこと

- 1社に限定せず、複数のツールベンダーから情報収集（RFI）を行う
- やりたいことをRFP（提案依頼書）に落とし込み、ツールベンダー（or システム開発会社）から正式な提案をもらえるようにする
- ツール導入までのサポートだけでなく、ツール導入後のサポートも継続的に受けられるかをチェックする
- すべてのベンダーに対応できるシステム開発会社は少ないので、ツール選定をしてからシステム開発会社を決める

No. 09

［外部事業者との連携］

広告会社/コンテンツ/デザイン制作会社との付き合い方

BtoB企業のコンテンツ制作を一緒につくり上げる

広告会社やBtoBマーケティングエージェンシーは3つのパターンに分類できます（図13）。パターン①が、コミュニケーション領域、テクノロジー領域すべてに対応できる会社です。パターン②はMA導入を中心に展開してきた、リードナーチャリングに対応できる会社です。ただし、広告まではなかなか対応できません。一方で、広告メインで活動してきたパターン③は、リードジェネレーションに対応できる会社です。旧来の広告会社に多く、MAの導入や、それを活用したコミュニケーション設計・運用は不得意です。

コンテンツ制作に関しては、**製造業を初めとするBtoB企業のコンテンツは専門的な内容が必要とされる**ため、外部ライターによる調査・執筆が難しい場合があります。社内インタビュー記事や、業界有識者による寄稿などを計画的に行う体制をつくって、MAからのデータを反映しながら進めるとスムーズです（図14）。

デザイン制作に関しては、**Webサイトと MAは連動して機能するため、サイトの見た目や使いやすさだけでは不十分です。**自社のBtoBマーケティング戦略を理解し、設計・運用ができる制作会社を含めたチームで、リード獲得につながるようサイト制作を進めることが理想です（図15）。MAのキーとなるコンテンツの配置や追加、ユーザー導線などは戦略に沿った上で、成果を向上するために改善運用が必要となるため、定期的にミーティング・フィードバックができる関係性が重要になります。

図13 広告会社/デザイン/コンテンツ制作会社の役割

外部に求める機能		広告会社(BtoBマーケティングエージェンシー) パターン①	パターン②	パターン③	コンテンツ制作会社	デザイン制作会社
コミュニケーション設計	リードジェネレーション(広告/SEO対応)	○	×	○	×	×
	リードナーチャリング(メール配信等)	○	○	×		
コンテンツ制作	ブログ記事/ホワイトペーパーの作成	○	△	△	○	△
デザイン制作	CMS導入/LP制作	○	○	○	△	○
システム開発	ツールの実装/運用	○	○	×	×	×

コミュニケーション領域　テクノロジー領域

図14 コンテンツ制作チームの仕事

図15 デザイン制作チームの仕事

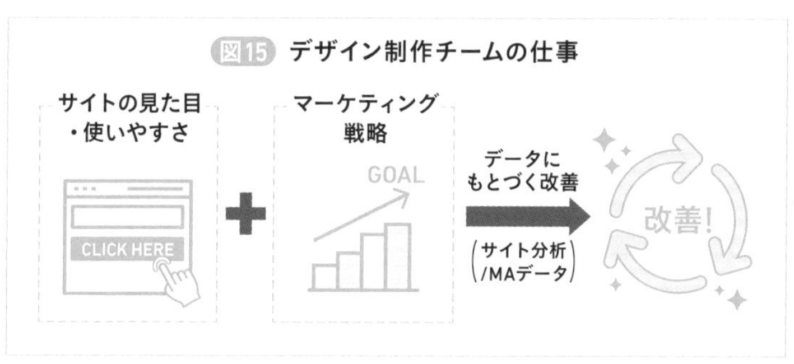

CHAPTER 7

No. 10

〔外部事業者との連携〕

インサイドセールス会社との付き合い方

最後に、インサイドセールス会社との付き合い方に関して整理したいと思います（図16）。

国内では、まだインサイドセールスという業務は普及していませんが、海外ではフィールドセールスに異動する前のキャリアとしてインサイドセールスを経験させるのが一般的です。インサイドセールスがマーケティング部門と営業部門の橋渡しになるからです。とはいえ、業務がよくわからない部分もあるので、最初は専門のインサイドセールス会社と連携してノウハウをためていきましょう。

委託するインサイドセールス会社選びで注意すべきこと

インサイドセールス会社には、2つの種類があることを知っておくとよいでしょう。外資系ITベンダー出身の実務経験者が事業として立ち上げた場合と、テレアポを中心に行っていたコールセンターが、新しいサービスとして提供している場合です。インサイドセールスの本来の目的は、問い合わせのあった新規リードに対し、課題やニーズをヒアリングすることにあります。コールセンター系の事業者の場合、**本当にインサイドセールスに必要なヒアリングスキルがあるかチェックしたほうがよい**です。

最初は、マーケティング部門がインサイドセールスのできる外部事業者に業務をアウトソーシングするのが効率的です。その後、ある程度実績がでてきた段階で、社内でも対応できるようにマーケティング部門の中にインサイドセールスチームを構築していくのが、正しいステップです。

図16 インサイドセールス部隊のつくり方

	社内で構築する場合	外部事業者を利用する場合
注意点	・フィールドセールスに異動する前のキャリアとしてインサイドセールスの経験をさせる   ・マーケティング部門におくほうが連携はスムーズ  	・外資系ITベンダー出身者が専門事業として立ち上げている企業か、コールセンターの延長線上でインサイドセールスをサービス事業化している企業かを見極める  社長が元外資系ITベンダーの企業 or  コールセンターがサービス事業の一環で行う企業
ポイント	・インサイドセールスを社内で構築するにしても、外部事業者を利用するにしても、成果がでるまでに一定期間がかかることを考慮して進めることが大事	

● 外部事業者に依頼する業務（例）

見込み顧客の絞り込み	アプローチ・ヒアリング	アポイントメント
MAに登録されているリードの中から、インサイドセールスを行う見込み顧客を抽出し、リストを作成する 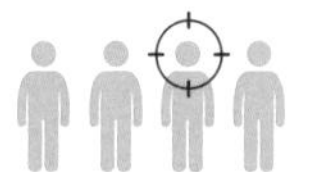	予算、決裁権者、ニーズ、導入時期など見込み顧客側の社内の検討状況をヒアリングする 	ヒアリングした先で、検討段階に入っている見込み顧客に対してアポイントメントをとりつける 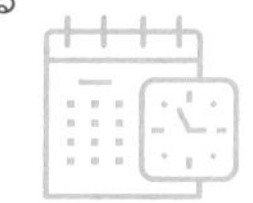

あとがき

BtoBマーケティングに関して、「リードジェネレーション」と「リードナーチャリング」を中心に、様々な施策に関してご説明してきました。

DX（デジタルトランスフォーメーション）という言葉がありますが、BtoBマーケティングは、マーケティングとセールス領域におけるDXそのものです。アナログの世界であったとしても、今までやってきた仕事の仕方を、新しい仕事の仕方に切り替えていくということは、なかなか難しいものです。デジタルの場合は、わからないことがさらに多くなるため、トランスフォームしていくのは大変かと思います。

また、BtoBマーケティングを本格的に展開するためには、やらなければならないことがいっぱいあるな、と思った方も多いかと思います。たしかに最終ゴールに行き着くまでには、やらなければならないことが多いのも事実です。ですが、会社の規模や制約条件（予算や人材リソース）などを考慮し、できるところからコツコツ推進していくことがとても重要です。

まずは、リードジェネレーションにフォーカスして、新規リードの件数を増やすところからプロジェクトをスタートしてみてください。勝ちパターンができれば、自動で新規リードを増やせるようになります。リードジェネレーションが稼働し始めたら、次にリードナーチャリングの取り組みに着手してください。こちらは、手間もかかりますが、運用が安定すれば、ホットリード化するためのノウハウが身についてるはずなので、営業担当者は提案やクロージングフェーズに注力することができます。

BtoBマーケティングを推進する上で、この書籍が少しでも皆さんの取り組みに寄与することができれば幸いです。

Glossary | 用語集

ABM
Account Based Marketing（アカウント・ベースド・マーケティング）の略語で、BtoB企業において、自社にとって価値の高い顧客を選別して、顧客に合わせた最適なアプローチをすること。

A/Bテスト
WEBサイトや広告のバナーなどの画像をAパターンとBパターンの2パターンを用意して、「どちらがよりよい成果をだせるのか」を検証すること。

BANT
Budget、Authority、Needs、Timeframeの頭文字をとった略語で、「予算」「決裁権」「ニーズ」「導入時期」の4つのことを意味する。通常、営業はクロージングに向け、この4つの項目を確認する必要がある。

BIツール
BI（Business Intelligenceの略語）ツールは、企業内の蓄積された大量のデータを集めて分析し、KPIなどを表示させ、迅速な意思決定を助けるためのツール。

CAGR
Compound Average Growth Rateの略語で年平均成長率の意。複数年にわたる成長率から、1年あたりの幾何平均を求めたもの。

CDO
Chief Digital Officerの略語で、デジタルに関連する取り組みを統括する「最高デジタル責任者」のこと。

CDP
Customer Data Platformの略語で、顧客1人ひとりの属性データや行動データを収集・蓄積・統合するためのデータプラットフォームのこと。DMPに変わる新しい用語として利用され始めている。

CMO
Chief Marketing Officerの略語で、マーケティング全体を統括する「最高マーケティング責任者」のこと。

CMS
Contents Management Systemの略語で、Webサイトやコンテンツを構築・管理・更新するためのソフトウェア（クラウドサービス）。

CPA
Cost Per Acquisitionの略語で、コンバージョン（CV）1件あたりにかかった広告費用の投資対効果を意味する。

CRM
Customer Relationship Managementの略語で、商取引のある既存顧客と関係を構築するための手法やツール（ソフトウェア）のこと。

CTA（Call To Action）
「Call to Action」の略語で、一般的に「行動喚起」と訳される。Webページに訪れたユーザーの行動を誘導することや、行動を喚起するためのテキスト・画像・ボタンなどを意味する。

CTR
Click Through Rateの略語で、クリック率ともいう。広告やコンテンツが表示された回数に対してどのくらいの割合でユーザーにクリックされたかを示す指標。

DMP
Data Management Platformの略語で、情報収集・分析するためのデータ基盤。プライベートDMPとパブリックDMPの2つがあり、自社保有データを集約・管理する「プライベートDMP」と、オープンな環境で自社/外部のデータを融合し活用する「パブリックDMP」に分類される。

DSP
Demand Side Platformの略語で、広告在庫の買い付け、広告配信、オーディエンスターゲティングなどを一括して行うことで、オンライン広告において広告効果の最大化を支援するツールのこと。

DX
Digital transformation（デジタルトランスフォーメーション）の略語で、企業内の様々な取り組みをデジタル化していく企業活動のこと。

EBIT
Earnings Before Interest and Taxesの略語。支払金利前税引前利益。営業利益に、金利以外に発生する営業外損益を加えた利益額のこと。

IPアドレス
Internet Protocol Addressの略語。インターネット上に接続された機器が持つ識別番号（住所）のこと。データをやり取りする際、ネットワーク上で通信相手を間違わないようにするために使われる。

IR
Investor Relationsの略語。企業が株主や投資家向けに経営状態や財務状況、業績の実績・今後の見通しなどを広報するための活動のこと。

KGI
Key Goal Indicatorの略語。ビジネスの最終目標を定量的に評価する指標のこと。重要目標達成指標とも呼ばれる。例えば、売上高や成約数、利益率など。

KPI
Key Performance Indicatorの略語。KGIをブレイクダウンし、定量的に評価する指標。例えば、顧客数（新規/既存）や顧客単価など。

MA（マーケティングオートメーション）
Marketing Automationの略語で、新規の見込み顧客を管理するためのツール。リード、コミュニケーション、企業分析、外部連携などの機能がある。

MQL
Marketing Qualified Leadの略語で、マーケティング部門において品質保証されたリード（見込み客）のことである。営業機会には至っていないものの、リード（見込み客）の中でも製品やサービスへの結びつきが強く、営業的な接触に対して準備ができている見込み客を指す。

PDCA
Plan（計画）→Do（実行）→Check（評価）→Action（改善）のサイクルを繰り返し行うことで、継続的に業務を改善すること。

RFI
Request For Informationの略語で、情報提供依頼書の意。企業や官庁などが業務の発注や委託などを計画する際、発注先候補の業者に情報提供を依頼する文書。

RFP
Request For Proposalの略語で、提案依頼書の意。情報システムの導入や業務委託を行うにあたり、発注先候補の事業者に具体的な提案を依頼する文書。

ROAS
Return On Advertising Spendの略語。広告経由で発生した売上を広告費用で割った数値のことで、広告の費用対効果のことを意味する。売上高÷広告費用×100（%）で算出する。

ROI
Return On Investment の略語。投資したコストに対して、どれだけ利益を生み出しているかを表す指標のこと。

SaaS
Software as a Serviceの略語で、必要な機能を必要な分だけサービスとして利用できるようにしたソフトウェア（主にアプリケーションソフトウェア）もしくはその提供形態のこと。サービスとしてのソフトウェアを意味する。

SEO
Search Engine Optimizationの略語で、検索エンジン結果で上位表示させるための手法。サイト構造から見直すテクニカルSEOとコンテンツから見直すコンテンツSEOの2つの手法がある。

SFA
Sales Force Automationの略語で、企業の営業活動における情報全般をデータ化して蓄積し、分析することができるソフトウェア（クラウドサービス）。

SQL
Sales Qualified Leadの略語で、営業活動によってつくられたリード（営業案件）のこと。ニーズが顕在化しており、直近での導入予定や、直近ではなくても明確な導入時期が決まっているなど、顧客の中での購買意欲が明確になっているもの。

SSP
Supply Side Platformの略語。媒体の広告枠販売や広告収益最大化を支援するツールのこと。

TRS
Total Return to Shareholdersの略語で、株主へのリターンの合計数値。

URL
Uniform Resource Locatorの略語で、インターネット上のホームページの場所をお知らせする住所のようなもの。

1stパーティデータ
顧客情報や購買履歴、WEBサイトの アクセスログ解析など、自社で収集し社内で保有しているデータのこと。

2ndパーティデータ
自社が保有しているデータではなく、特定のパートナー企業から得ることができる外部データのこと。

3rdパーティデータ
自社データやパートナーデータ以外の、いわゆる第三者が提供するデータ。自社では収集することができない外部のデータのこと（例えばクッキーデータ）。

4C
購買者側の視点で、商品やサービスを考えるマーケティングのフレームワーク。「Customer Value（顧客にとっての価値）」、「Cost（顧客の負担）」、「Convenience（入手の容易性）」、「Communication

(コミュニケーション)」の頭文字をとったもののことをいう。

4P
企業側の視点で、商品やサービスを考えるマーケティングのフレームワーク。「Product（製品・商品)」、「Price（価格)」、「Promotion（プロモーション)」、「Place（流通)」の頭文字をとったもののことをいう。

アウトバウンド
企業主体のプッシュ型セールスのことをいい、広告やイベント、テレマーケティングなどを行い、強制的に情報を届けたり営業を行ったりすること。

アウトバウンドコール
今まで接点のなかった見込み顧客に対して、電話をかけてアポイントメントをとること。

アクイジション
新規顧客を獲得することを意味する。アクイジション施策とは新規顧客とのコミュニケーション全般を指す。

アクセスログ
インターネット上のホームページにユーザーがアクセスしたログデータを記録したもの。ユーザーがいつ・どこから・どのページへやって来て、どのように動いてどのページから去っていったのかなどを知ることができる。

アグリゲーション
複数の企業が提供するサービスやデータなどを集約すること。

アッパーファネル
ファネルの中で、認知の段階のこと。

アップセル
顧客の単価を向上させるための営業手法の1つで、現在ある商品を検討している顧客や以前商品を購入した顧客に対して、より高額な上位モデルに乗り換えてもらうこと。

アトリビューション
メディアごとのコンバージョンへの貢献度を測ること。アトリビューション分析ともいう。

アドテク
アドテクノロジーの略語で、広告に関連するテクノロジーの総称。

アルゴリズム
問題を解決するための方法や手順のこと。問題解決の手続きを一般化するもので、プログラミングを作成する基礎となるもの。

インサイト
消費者の行動や思惑、それらの背景にある意識構造を見ぬいたことによって得られる「購買意欲の核心やツボ」のこと。顧客インサイトとは、顧客の購買行動の裏にある潜在的な欲求のことをいう。

インサイドセールス
リード登録された見込み顧客の中でスコアリングデータが高い見込み顧客に対して、電話で課題やニーズを聞き出し、訪問（提案）につなげること。

インテント（検索意図）
検索ユーザーが「何を調べたいのか」「何の意図を持って検索しているのか」という検索の目的のこと。

インハウス
外部に委託していた業務（作業）を社内で内製化していくこと。

インバウンド
アウトバウンドとは違い、見込み顧客側から問い合わせがくるよう情報発信力を強化する取り組みのこと。

インバウンドマーケティング
リードジェネレーションとリードナーチャリングをすべてオンラインで行うこと。

インフォグラフィック
情報、データ、知識を視覚的に表現したもの。

インプレッション（imp）
Webサイト上に広告が表示された回数のこと（広告がどれくらいユーザーの見えるところへ表示されているかという数値のこと)。

ウェビナー
ウェブ(Web)とセミナー(Seminar)を組み合わせた造語で、インターネット上で行われるセミナーやツールのこと。

ウォームリード
社内で検討がスタートし、問い合わせや資料請求などを行い、情報収集（RFI）し始めている見込み顧客のこと。

ウェブトゥリード（Web-to-リード）
Web（ホームページ）上で見込み顧客のリードを収集すること。具体的には、資料請求やお問い合わせなど、Web（ホームページ）にアクセスしてきた人自身に個人情報（名刺情報）を登録させる仕組みのこと。

エンゲージメント
企業（ブランド、商品なども含む）と生活者の関係性のこと。エンゲージメントが高いとは、企業と生活者の関係性が深いということ。

オウンドメディア
企業が自社で所有できるメディアのこと。具体的には自社のコーポレートサイトやサービスサイトなどのこと。

オーガニック
広告を使わずに、検索エンジンやSNSの自然流入を利用した集客手法のこと。「自然検索」ともいう。

オファー
事業者が、購入や申込を満たせば顧客に対して見返りを与えるという条件を提示すること。

オプトアウト
ユーザーが情報を受け取る際や自らに関する情報を利用される際などに、許諾しない意思を示す行為。

オプトイン
ユーザーが情報を受け取る際や自らに関する情報を利用される際などに、許諾（パーミッション）の意思を示す行為。

カオスマップ
特定の業界に絞ってサービスや商品を提供する事業者をカテゴライズしたもの。

カスタマージャーニー
生活者が商品やサービスを知り、最終的に購買してリピートしていくまでの一連のプロセス（購買導線）を旅にたとえたもの。

クラウド
従来は利用者が手元のコンピュータで利用していたデータやソフトウェアを、インターネット経由でサービスとして利用者に提供するもの。

クラスター
葡萄の房を意味しており、集団や群れにたとえられることから、ビジネス用語におけるクラスターは「集団」のことをいう。

クラスター分析
大きな集団の中から、互いに似たもの同士を集めてグループに分ける（対象を分類する）統計的な分析手法のこと。

クローリング
ロボット型検索エンジンにおいて、プログラムがインターネット上のリンクをたどってWebサイトを巡回し、Webページ上の情報を複製・保存すること。

クロスセル
顧客あたりの売上単価の向上を目的とし、他の商品などをあわせて購入してもらうこと。例えば、商品の販売時や購入後のフォローアップ時に、関連商品や「この商品を買った人はこんな商品も買っています」といったレコメンドを提示すること。

計測タグ
サイトを閲覧したユーザーのアクセス情報をウェブサーバに送信するための短いプログラム。コンバージョンやリターゲティングを行うためのタグなどがある。

検索エンジン
GoogleやYahoo！など、インターネットに存在する情報（Webページやサイト、画像ファイル、ネットニュースなど）を検索する機能およびそのプログラム。

検索クエリ
ユーザーが検索するときに打ち込んだ言葉やフレーズのこと。

行動トラッキング（行動ログ）
リードとして登録された見込み顧客が、サイト内で行動したログデータ（ページビューやクリックなど）を記録すること。

コールセンター
顧客への電話対応業務を専門に行う事業所・部門や、それを専門に担う事業者のこと。

コールドリード
商品やサービスに対する興味が薄く、すぐには購入する可能性が低い見込み顧客のこと。

コンテンツマーケティング
広告ではなく、コンテンツ（ブログ記事やホワイトペーパーなど）を活用して顧客の興味・関心を引きだすこと。

コンバージョン
Webサイトにおける最終的な成果のことを指します。例えば、購買、申込、資料ダウンロードなど。

コンバージョンタグ
デジタル広告などのインターネット広告の成果を知るために必要な計測タグ。

サーチ広告
GoogleやYahoo！の検索結果に連動して表示される広告のこと。

シナリオ設計
MAの機能の1つで、見込み顧客とのメールでのやりとりを事前に設定しておくことで、自動的にメール配信を行うこと。

スイッチャー
コンピュータやAV機器などにおいて、複数の入力信号を切り替えたり、混合させたりするツールやそれを担当する人のこと。

スコアリング
見込み顧客（一部既存顧客も含む）の中から、リードナーチャリング（顧客育成）を通じて確度の高い顧客を絞り込んでいくためにアクションに点数をつけること。

ステークホルダー
企業などの組織が活動を行うことで影響を受ける利害関係者（株主・経営者・従業員・顧客・取引先など）のこと。

ステップメール
資料ダウンロードや無料会員登録等のアクションを実行したユーザーに対して、「事前に用意した複数のメールを一定期間配信」し、顧客との関係構築をしつつ、商品購入や有料プランへの変更を促すこと。

スモールワード
検索エンジンで検索される数が少ないキーワードのこと。

セールステック
セールステクノロジーの略語で、セールスに関連するテクノロジーの総称。

セグメント/セグメンテーション
マーケティング環境分析の結果を踏まえて、不特定多数の人々を同じニーズや性質を持つ固まり（セグメント）に分けること。

セッション
アクセス解析において、セッションとはWebサイトにアクセスして行う一連の行動のこと。「訪問」や「ビジット」ともいう。

ソーシャルメディア
誰もが参加できる広範的な情報発信技術を用いて、社会的相互性を通じて広がっていくように設計されたメディア（Facebook、LINE、Twitter、Instagramなど）。

ターゲット（ペルソナ）
商品やサービスを買っていただくお客様を想定すること。

ダイレクトマーケティング
企業と生活者が双方向で直接的にコミュニケーションをとり、顧客のレスポンスを獲得することに主眼をおく手法のこと（通販やECなども含まれる）。

ダッシュボード
売上データや商品データなど、複数の情報を1つにまとめ、ひと目で把握できるようにするデータの可視化ツール。

タッチポイント
顧客接点のことを意味し、見込み顧客が商品やサービスを購入するときに接点を持つ、店舗やサイトなどのチャネルのことをいう。

チャットボット
「対話（chat）」する「ロボット（bot）」という2つの言葉を組み合わせたもので、AIを活用して生活者と企業をつなぐコミュニケーションツールのこと。

直帰率
ユーザーが閲覧を始めたページから他のページに移動することなくサイトを離脱したセッション（訪問）の割合のこと。

ツールベンダー
MAやCRMなどSaaS（クラウド）型のソフトウェアを提供する企業を総称してツールベンダーと呼ぶ。

ディスプレイ広告
Webサイトやアプリ上の広告枠に表示される動画広告やテキスト広告のことです。 バナーで表示されることが多く、「バナー広告」と呼ばれることもある。

テクニカルSEO
Webサイトを正しく構築し、検索エンジンがサイトをうまくクロールまたはインデックスできるようにする検索エンジン最適化施策。

デジタル広告
サーチ広告（検索連動型広告）とディスプレイ広告の2つを総称してデジタル広告と呼ぶ。

デマンドジェネレーション
直訳すると「需要を創出すること」を意味し、営業部門へ渡す、見込み案件の創出・発掘活動全般のことをいう。

トップライン
損益計算書の一番上（トップ）の項目である売上高（営業収益）のこと。

ドメイン
インターネット上に存在するコンピュータやネットワークを識別するための名前で住所のようなもの。ホームページでは、ドメインの前に「www」のような文字列(ホスト名）と、区切りの意味がある「.（ドット)」が追加されて「www.ドメイン名」というかたちで表記される。

トリプルメディア
「ペイドメディア（paid media）」、「オウンドメディア（owned media）」、「アーンドメディア（earned media）」の3種のメディアとして分類・整理したフレームワークのこと。

トレーディングデスク
デジタル広告（サーチ/ディスプレイ）などの広告を運用し、成果改善につなげること。

パイプライン管理
営業プロセスを定義した上で、初回のアポイントメント獲得から受注までの流れを可視化し、分析や改善を行っていくマネジメント手法のこと。

パレートの法則
経済において全体の数値の大部分は全体を構成するうちの一部の要素が生み出しているという理論であり、80:20の法則とも呼ばれる。

ヒートマップ
自社サイトのアクセス解析をするときに、サイト訪問者の目線の動きやマウスの動き、サイトの熟読時間などの情報をひと目で理解できるよう色を用いて可視化したもの。

ビッグワード
検索エンジンで極めて多く検索されるキーワードのこと。

ファネル
認知、興味・関心、比較・検討、購買（成約）、リピートなどの顧客の購買導線を漏斗のような図式で示すこと（数が徐々に減っていく）。パーチェスファネルともいう。

フォーム
ホームページ上でユーザーからの問い合わせ内容の入力を受け付ける部分のこと。

フッター
ページの一番下にあたるコンテンツ部分のこと。一般的に、サイトマップやリンクなど、メインメニューやサイドメニューに掲載できなかったコンテンツへのリンクを掲載する。

ブランディング
ブランドに対する共感や信頼などを通じて顧客にとっての価値を高めていくこと。獲得施策と対比させて、認知施策を高めることをブランディングともいう。

フリークエンシー
Web広告では、ユーザーの接触頻度（回数）のことを意味する。

プレセールス
本格的な販売体制に入る前に、商品やサービスが売れるかどうか試行的に営業すること。

プロスペクト
リードとして登録された見込み顧客のことをプロスペクトと呼ぶ。

ペイドメディア
企業が費用を払って広告を掲載することができるメディアのこと。

ベストプラクティス
ある結果を得るのに最も効率のよい技法、手法、プロセス、活動などのこと。他社の取り組みで成功している事例の総称。

ホスティング
通信事業者などが提供するサービスの1つで、専用の施設内に設置されたサーバコンピュータを、インターネットを通じて顧客に貸与するもの。

ホットリード
予算化の検討が進み、外部ベンダーなどにRFP（提案依頼書）を提示し、提案を求めている見込み顧客のこと。課題やニーズがすでに顕在化し、社内で事業化（案件化）の検討が進んでいる状態で、営業担当者が訪問したときに提案フェーズに進める段階にある。

ホワイトペーパー
オウンドメディアからダウンロードできる資料のことで、調査データやケース分析、ノウハウなどをまとめたもののこと。

マーケティングエージェンシー
広告やプロモーション以外にマーケティング全般の支援ができる広告代理店などのこと。

マーテック
マーケティング（Marketing）と技術（Technology）を掛け合わせた造語。マーケティングに関連するテクノロジーの総称。

マスターデータ
企業内データベースなどで、業務を遂行する際の基礎情報となるデータのこと。

ミドルファネル
ファネルの中で、興味・関心、比較・検討段階のこと。

ユーザーコミュニティ
MAやCRMなどのツールベンダーが、ツール導入企業をコミュニティ化して、ツールの使い方や成功事例などを共有すること。

ユーザーエクスペリエンス

直訳すると「ユーザー体験」となります。広義には商品やサービスから得られる体験、狭義には、Webサイトの使いやすさなどを表す。

ユーザビリティ

Webサイトやソフトウェアなどの操作性や使いやすさを示す言葉のことをいう。なるべく簡単で、迷わず、ストレスを感じずに操作できることを「ユーザビリティがよい（高い）」という。

ユニークユーザー数（UU数）

集計期間内にWEBサイトに訪問したユーザー数を意味する。

ランディングページ（Landing Page）

ユーザーが検索結果やインターネット広告、そしてリンクなどをクリックし、Webサイトへ最初にアクセスしたページを指す。特にキャンペーン型で簡易に作成するページで用いられる用語。

リーチ

広告の到達率のこと。

リードクオリフィケーション

ニーズや課題が顕在化した見込み顧客（リード）の中から、商品を購入してくれる可能性の高い見込み顧客を選別すること（絞り込むこと）。

リードジェネレーション

新規の見込み顧客（リード）を獲得するためのマーケティング施策。イベントやカンファレンスでの名刺獲得や広告や検索エンジンからの問い合わせなど。

リードナーチャリング

リード登録された見込み顧客に対して、メール配信やインサイドセールスなどの取り組みを行うことで、見込み確度を高めるためのマーケティング施策。

リサイクルリード

失注した案件で再度ナーチャリングフェーズに戻すレベルにいる見込み顧客のこと。

リターゲティングタグ

特定のページにタグを埋め込み、そのページをユーザーが訪れると、ブラウザを経由してcookieがユーザーに付与される。そのcookieを目印として広告はユーザーを追跡し、ユーザーが見ているサイトの広告枠に自社広告を表示させることができる。

リターゲティング

広告主のWebサイトを訪れたことのあるユーザーに対し、広告ネットワーク内の広告掲載面に対して再度広告主の広告を表示させる手法のこと。

離脱率

Webサイトを訪問したユーザーが、あるページから離れた割合のこと。

リテンション

既存顧客との関係を維持することを意味する。リテンション施策とは既存顧客とのコミュニケーション全般を指す。

リファラ（referrer）

あるWebページのリンクをクリックして別のページに移動したときの、リンク元のページのこと。

レッドオーシャン

競争の激しい市場・業界・分野のこと。対義語はブルーオーシャンで、競争相手のいない未開拓の市場のこと。

ロウワーファネル

ファネルの中で、比較・検討段階から購買（成約）段階までのこと。

ロジックツリー

物事を分析したり問題を解決したりする際に、物事を樹木状の分岐構造を用いて分解し、その結節点ごとに意味を考えていく手法。

ワイヤーフレーム

Webページのレイアウトを定める設計図のこと。Webページの制作において初期段階で定義するもの。

Index ｜ 索引

本書内容に関するお問い合わせについて

このたびは翔泳社の書籍をお買い上げいただき、誠にありがとうございます。弊社では、読者の皆様からのお問い合わせに適切に対応させていただくため、以下のガイドラインへのご協力をお願い致しております。下記項目をお読みいただき、手順に従ってお問い合わせください。

●ご質問される前に

弊社Webサイトの「正誤表」をご参照ください。これまでに判明した正誤や追加情報を掲載しています。

正誤表　https://www.shoeisha.co.jp/book/errata/

●ご質問方法

弊社Webサイトの「刊行物Q&A」をご利用ください。

刊行物Q&A　https://www.shoeisha.co.jp/book/qa/

インターネットをご利用でない場合は、FAXまたは郵便にて、下記"翔泳社 愛読者サービスセンター"までお問い合わせください。

電話でのご質問は、お受けしておりません。

●回答について

回答は、ご質問いただいた手段によってご返事申し上げます。ご質問の内容によっては、回答に数日ないしはそれ以上の期間を要する場合があります。

●ご質問に際してのご注意

本書の対象を越えるもの、記述個所を特定されないもの、また読者固有の環境に起因するご質問等にはお答えできませんので、予めご了承ください。

●郵便物送付先およびFAX番号

送付先住所　〒160-0006　東京都新宿区舟町 5

FAX番号　03-5362-3818

宛先　（株）翔泳社 愛読者サービスセンター

※本書に記載された商品やサービスの内容や価格、URL等は変更される場合があります。

※本書の出版にあたっては正確な記述につとめましたが、著者や出版社などのいずれも、本書の内容に対してなんらかの保証をするものではなく、内容やサンプルに基づくいかなる運用結果に関してもいっさいの責任を負いません。

※本書に記載されている会社名、製品名はそれぞれ各社の商標および登録商標です。

著者紹介

竹内 哲也 (たけうち・てつや)

早稲田大学政経学部卒。NTTデータ、コーポレイトディレクションなどを経て、2014年にデジタル・アドバタイジング・コンソーシアムに参画。2018年よりアイレップも兼務し、グループ全体の統合デジタルマーケティングを包括的に牽引。2019年度よりIREP専任 執行役員。NEWSY、タービン・インタラクティブ、シェアコト3社の社外取締役も兼任。専門は事業開発。

著 書

- 『統合デジタルマーケティングの実践』東洋経済新報社

監修者紹介

志水 哲也 (しみず・てつや)

早稲田大学社会科学部卒業。1994年の「日本のネット元年」より総合広告代理店で伝統的な広告マーケティングの実務と、Webプロデュース業務を兼任。1999年、Web専門企業として タービン・インタラクティブ を設立。2012 CSS Niteベスト・セッション、2013 CSS Nite ベストスピーカー受賞。

著 書

- 『「上司が知らない」インターネット新常識』(中部経済新聞社)
- 『ベテラン営業マンと若手Web担当者がコンビを組んだら』(徳間書店)

会員特典について

以下のサイトから会員特典をダウンロードできます。

https://www.shoeisha.co.jp/book/present/9784798165332

※会員特典データのダウンロードには、SHOEISHA iD(翔泳社が運営する無料の会員制度)への会員登録が必要です。詳しくは、Webサイトをご覧ください。

※会員特典データに関する権利は著者および株式会社翔泳社が所有しています。許可なく配布したり、Webサイトに転載することはできません。

※会員特典データの提供は予告なく終了することがあります。あらかじめご了承ください。

装丁・本文デザイン　植竹 裕（UeDESIGN）
DTP　佐々木 大介
吉野 敦史（株式会社 アイズファクトリー）

デジタル時代の基礎知識『BtoB（ビーツービー）マーケティング』

「潜在リード」から効率的に売上をつくる新しいルール

（MarkeZine BOOKS（マーケジン ブックス））

2020 年 5 月 29 日　初版第 1 刷発行
2021 年 4 月 15 日　初版第 3 刷発行

著者　竹内（たけうち） 哲也（てつや）
監修者　志水（しみず） 哲也（てつや）
発行人　佐々木 幹夫
発行所　株式会社 翔泳社（https://www.shoeisha.co.jp）
印刷・製本　株式会社 ワコープラネット

本書へのお問い合わせについては、214 ページに記載の内容をお読みください。
落丁・乱丁はお取り替えいたします。03-5362-3705 までご連絡ください。

ISBN978-4-7981-6533-2　Printed in Japan